Ann-Catherine Pointecker

Steuergerechtigkeit

Ann-Catherine Pointecker

Steuergerechtigkeit

Prinzipien der Gerechtigkeit in steuerlichen Rechtfertigungslehren

Lehrbuchverlag

Imprint

Cover image: www.ingimage.com

Publisher:
Der Lehrbuchverlag
is a trademark of
International Book Market Service Ltd., member of OmniScriptum Publishing Group
17 Meldrum Street, Beau Bassin 71504, Mauritius

Printed at: see last page
ISBN: 978-620-0-27077-1

Inhaltsverzeichnis

Vorwort

Mein erster Dank gilt Herrn Univ.-Prof. Dr. Stephan Kirste, der diese Arbeit während meiner Studienzeit betreut hat. Er hat mit seinen vielfältigen Anregungen und seiner konstruktiven Kritik wesentlich zur Entstehung dieses Werks beigetragen und mich mit seiner Konzeption der Gerechtigkeit entscheidend beeinflusst.

Bedanken möchte ich mich auch bei Frau Mag. Sabine Kahlfuss, die mit Gründlichkeit und Umsicht zur sprachlichen und formalen Korrektur der Arbeit beigetragen hat.

Ein besonderer Dank gebührt meinen Eltern und Großeltern. Sie haben mich in meinem Werdegang immer unterstützt und motiviert, so dass ich ohne sie die Arbeit nicht verfassen hätte können. Gedenken möchte ich auch meines verstorbenen Großvaters Herrn Georg Pointecker, der wie kein anderer an mich geglaubt hat und mich auch in hohem Alter mit seinen klaren Argumenten überzeugen konnte. Sein Lebensweg und seine Weisheit sollten mir auch zukünftig als Vorbild dienen.

Salzburg, im September 2019 Ann-Catherine Pointecker

1. Einleitung

Steuern werden vielfach denunziert. Bürger beklagen das geltende Steuerrecht, indem sie dieses als ungerecht, unnötig kompliziert und ungerechtfertigten Eingriff in das Eigentum qualifizieren. Wo in der Antike das Recht zur Besteuerung als factum brutum existierte, wird heute eine Rechtfertigung für die Besteuerung verlangt. Die folgende Arbeit soll daher die Frage erörtern, ob und wie das Recht des Staats zur Besteuerung seiner Bürger gerechtfertigt ist. Die erste These statuiert, dass Steuern zwar gerechtfertigt sind, diese Rechtfertigung jedoch nicht bedingungslos gegeben ist, sondern die Besteuerung nur innerhalb bestimmter Grenzen legitimiert. Es wird vermutet, dass es geradezu im Wesen einer Rechtfertigungstheorie liegt, die Grenzen, außerhalb derer sie Steuern nicht mehr rechtfertigt, zu indizieren. Die zweite These stellt die Behauptung auf, dass den steuerlichen Rechtfertigungslehren die Gerechtigkeit als gemeinsames Prinzip zugrunde liegt. Dies kann ein prägnanter Indikator dafür sein, dass Steuern gerechtfertigt sind, weil und wenn sie gerecht sind, das heißt, dass die Gerechtigkeit sowohl den Rechtfertigungsgrund als auch die Grenze der Besteuerung bildet. Es ist das Ziel dieser Arbeit, die Besteuerung per se, das heißt die allgemeine Existenz von Steuern, zu rechtfertigen, nicht sollen das konkret geltende Steuersystem oder bestimmte Arten der Besteuerung gerechtfertigt werden.

Um die Fragestellung, ob und in welchen Grenzen Steuern gerechtfertigt sind, zu erörtern, werden historisch wichtige steuerliche Rechtfertigungslehren vorgestellt. Diese werden nach den gängigsten Theorien kategorisiert. Zur Beantwortung der Frage, ob die Gerechtigkeit den steuerlichen Rechtfertigungslehren als gemeinsames Prinzip zu Grunde liegt, wird den steuerlichen Rechtfertigungslehren ein Kapitel über verschiedene Konzeptionen der Gerechtigkeit vorangestellt. Anschließend sollen beide Teile in Form einer Synthese verbunden werden.

2. Allgemeine Prinzipien der Gerechtigkeit

Gerechtigkeit galt bereits in der Antike als eine der vier Kardinaltugenden. Diesen Stellenwert hat sie in der Moderne nicht verloren. Der US-amerikanische Philosoph *John Rawls* beschreibt sie als „die erste Tugend sozialer Institutionen“[1]. Der Begriff der Gerechtigkeit ist jedoch ein Wertbegriff, er ist abhängig von Zeit und Raum und somit unbestimmt.[2] Gegenwärtig gibt es vielfältige Konzeptionen der Gerechtigkeit. Die Forschung ist jedoch bestrebt, die äußerst zahlreichen Theorien auf wenige fundamentale Grundsätze zu reduzieren.[3] Ziel dieses Kapitels ist es, die für die steuerlichen Rechtfertigungslehren relevanten Grundsätze des Gerechtigkeitsbegriffes systematisch zu erörtern und die Vagheit dieses Begriffes zu überwinden.

2.1. Systematisierung des Gerechtigkeitsbegriffs

In der Literatur wird die Gerechtigkeit seit *Aristoteles* nach verschiedenen Aspekten systematisiert. So differenzierte dieser unter anderem zwischen der Gerechtigkeit der Bürger untereinander und jener, die das Verhältnis zwischen den Bürgern und dem Staat betrifft.[4] Eine weitere wesentliche Differenzierung ist jene zwischen der teleologischen und deontologischen Ethik. Während erstere das Ziel einer Handlung nach den Maßstäben der Gerechtigkeit beurteilt, bewertet letztere die innere Motivation für eine Handlung. Zudem wird im folgenden Kapitel die Unterscheidung zwischen der materialen und der prozeduralen Gerechtigkeit erörtert. Darüber hinaus gibt es noch wesentlich mehr Gesichtspunkte, nach denen die Gerechtigkeit eingeteilt wird, zu den Zwecken dieser Arbeit genügen jedoch die oben genannten.

---

[1] Rawls (1971), Theorie der Gerechtigkeit, S 19.
[2] Vgl. Tipke (1981), Steuergerechtigkeit, S. 9.
[3] Vgl. Tammelo (1977), Theorie der Gerechtigkeit, S. 11.
[4] Vgl. Aristoteles, Nikomachische Ethik, Buch V, Kap. 5-7.

2.1.1. Iustita distributiva, iustitia commutativa, iustitia legalis

Die Unterscheidung zwischen iustitia distributiva (austeilender Gerechtigkeit) und iustitia commutativa (ausgleichender Gerechtigkeit) geht zurück auf *Aristoteles*.[5] Dieser systematisiert den Gerechtigkeitsbegriff und differenziert zuerst zwischen der Gerechtigkeit im allgemeinen und jener im besonderen Sinne. Erstere bedeutet für *Aristoteles* Rechtmäßigkeit, letztere liegt in der richtigen Proportion. Gerecht ist nach *Aristoteles* jenes Maß (mesotes), das in der Mitte zwischen zwei Extremen liegt. Diesen Bereich der Gerechtigkeit teilt er wiederum in die distributive und kommutative Gerechtigkeit ein.[6] Die heutige rechtsphilosophische Literatur versteht unter der iustitia commutativa die Gerechtigkeit der Bürger untereinander, sie beinhaltet das Prinzip, dass für eine bestimmte Leistung eine gleichwertige Gegenleistung gebührt. Die iustitia distributiva betrifft hingegen das gerechte Verhältnis zwischen der Allgemeinheit und dem Einzelnen.[7] Die Steuergerechtigkeit ist folglich ein Unterfall der iustitia distributiva.[8] Diese verlangt im Allgemeinen, dass Ressourcen nach einem bestimmten Prinzip aufgeteilt werden, sei es Gleichheit, Verdienst oder Bedarf.[9]

Der Vollständigkeit halber sei eine weitere Form der für das Steuerrecht relevanten Gerechtigkeit, die iustitia legalis, genannt. Diese geht zurück auf *Thomas von Aquin*, der unter dieser Form der Gerechtigkeit die rechtmäßige Behandlung des Bürgers vom Staat sieht.[10] Als Teil der iustitia legalis steht die iustita protectiva für ein gerechtes Verfahrensrecht, das die gleichmäßige Anwendung des materiellen Rechts ermöglichen soll. Den Anforderungen der iustitia protectiva ist dann Genüge getan,

---

[5] Vgl. Ebd., Buch V, Kap. 5-7.
[6] Vgl. Tammelo (1977), Theorie der Gerechtigkeit, S. 9.
[7] Vgl. Tipke (1981), Steuergerechtigkeit, S. 10.
[8] Vgl. Ebd., S. 10
[9] Miller (2017), Justice, Kap. 2.2.
[10] Vgl. Rommerskirchen (2015), Das Gute und das Gerechte, S. 34, Tammelo (1977), Theorie der Gerechtigkeit, S. 10.

wenn der Inhalt des Gesetzes tatsächlich durchgesetzt wurde und nicht nur theoretisch durchsetzbar wäre.[11] In der Rechtsphilosophie werden Normen, die nicht angewendet werden, überhaupt nicht anerkannt. Der deutsche Rechtswissenschaftler *Heinrich Henkel* beispielsweise sieht die „tatsächliche generelle Durchsetzung des Rechts [als] gleichbedeutend mit seiner faktischen Geltung“[12]. Auch nach dem deutschen Philosophen *Jürgen Habermas* sind „gültige Normen nur dann zumutbar, wenn sie gegen abweichendes Verhalten faktisch durchgesetzt werden können.“[13] Auf die Verfahrensgerechtigkeit näher einzugehen, würde den Rahmen dieser Diplomarbeit sprengen. Es ist jedoch die iustita protectiva ein wesentlicher Aspekt der Steuergerechtigkeit und vor allem relevant für die Fragestellung, ob konkrete Steuersysteme den Anforderungen der Gerechtigkeit entsprechen.

2.1.2. Materiale und prozedurale Gerechtigkeit

Eine weitere Differenzierung ist jene zwischen der materialen und der prozeduralen Gerechtigkeit. Während erstere die Gerechtigkeit nach inhaltliche Prinzipien zu bestimmen sucht, sehen die prozeduralen Theorien jenes als gerecht an, was sich aus Verfahren ergibt, die bestimmten Regeln entsprechen.[14] Auch der polnisch-belgische Jurist und Philosoph *Chaim Perelman* kommt zu der Konklusion, dass die inhaltlichen Prinzipien der Gerechtigkeit erst durch die Legislative und Judikative zum Ausdruck gebracht werden. Eine Gesellschaft muss daher in einem Verfahren selbst bestimmen, was gerecht ist. Dieselbe Auffassung vertritt auch der österreichische

[11] Vgl. Tipke (2000), Besteuerungsmoral und Steuermoral, S. 54, Tipke (1981), Steuergerechtigkeit, S. 10.
[12] Heinrich Henkel (1977), Einführung in die Rechtsphilosophie, S. 117 f., S. 545.
[13] Jürgen Habermas (1998), Faktizität und Geltung, S. 148.
[14] Vgl. Kirste (2010), Einführung in die Rechtsphilosophie, S. 111, Tschentscher (2000), Prozedurale Theorien der Gerechtigkeit, S. 45 f. u. 118 f.

Jurist *Hans Kelsen*, der jedoch betont, dass sich nicht jedes Verfahren dazu eignet, gerechte Entscheidungen und Prinzipien der Gerechtigkeit zu finden.[15]

2.1.3. Teleologische und deontologische Ethik

Im Bereich der Ethik wird zwischen zwei Grundpositionen differenziert. Zum einen kann eine Handlung nach den Motiven bzw. der intrinsischen Motivation bewertet werden. Diese Position wird als deontologische Ethik bezeichnet. Zum anderen können die Konsequenzen einer Handlung als gut oder schlecht qualifiziert werden. Im Bereich dieses Konsequentialismus wird weiter unterschieden zwischen der teleologischen Ethik, die das Ziel der Handlung beurteilt, und der utilitaristischen Ethik, die den Nutzen einer Handlung bewertet.[16]

2.2. Grundsätze der Gerechtigkeit

Die Frage, was gerecht ist, beschäftigte bereits die alten Ägypter[17] und ist bis dato nicht geklärt. Die Kataloge zur Bestimmung des Gerechten reichen von abstrakten Prinzipien, wie dem Suum-cuique-Grundsatz, über *Kants* kategorischen Imperativ bis hin zu konkreten und detailreichen Grundsätzen, wie dass das Elend vermieden oder beseitigt werden soll[18]. Im Folgenden sollen der Suum-cuique-Grundsatz, als Beispiel einer abstrakten Definition der Gerechtigkeit, und die Gleichheit, die Freiheit und die Würde, die bereits *Ulpian* als gerechte Werte darstellt[19], erörtert werden.

2.2.1. Suum cuique

Der römische Jurist *Ulpian* definierte die Gerechtigkeit als die "constans et perpetua vonluntas ius suum cuique tribuendi"[20]. Der Grundsatz der Gerechtigkeit, dass jedem

---

[15] Vgl. Kirste (2010), Einführung in die Rechtsphilosophie, S. 123 f.
[16] Vgl. Rommerskirchen (2015), Das Gute und das Gerechte, S. 44.
[17] Vgl. Seidl (1957), Einführung in die Ägyptische Rechtsgeschichte bis zum Ende des Neuen Reichs, S. 41.
[18] Vgl. Tammelo (1974), Theorie der Gerechtigkeit, S. 12.
[19] Vgl. Kirste (2010), Einführung in die Rechtsphilosophie, S. 111 f.
[20] Ulpian, D 1,1,10 pr.

sein Recht zuteil werden sollte, geht zurück auf *Platon*, der in seiner „Politeia" feststellt, dass es gerecht ist, wenn jeder das Seine und nicht vielerlei Dinge tut. Dabei sollte auch jeder das Seine bekommen und gleichzeitig sollte niemandem das Seine genommen werden.[21] Der sachliche Gehalt der Definition ist jedoch älter als die griechische Philosophie[22], denn es hat die „Gerechtigkeitsidee [...] die Ägypter vom Anbeginn ihrer kulturellen Entwicklung nicht weniger beschäftigt als ein anderes Volk."[23] Gegenwärtig wird der Suum-cuique-Grundsatz von vielen als die geeignete Formel angesehen, um die Gerechtigkeit zu definieren.[24] Dieser Grundsatz ist jedoch abstrakter Natur und bedarf weiterer Grundsätze, die das „Seine" inhaltlich konkretisieren.[25]

1.1.1.1.1. Ulpians Konzeption

Ulpian legt mit seinen Ausführungen „juris praecepta sunt haec: Honeste vivere; alterum non laedere; suum cuique tribuere"[26] bereits drei Prinzipien der Gerechtigkeit dar, die auch in der gegenwärtigen Gerechtigkeitsdebatte relevant sind. Er bringt die Prinzipien der Rechtschaffenheit, des Schädigungsverbots und das Verteilungsprinzip zum Ausdruck. „Honeste vivere" gebietet ein würdiges Verhalten. Die Anerkennung der Menschenwürde ist eine notwendige Prädisposition für seine rechtliche Freiheit. Da die Freiheit des einen mit der Freiheit der anderen vereinbar sein muss, müssen alle die gleiche Freiheit besitzen und die gleiche Freiheit der anderen respektieren. Dieser Gleichheitsaspekt wird durch die Pflicht „suum cuique tribuere" ausgedrückt. *Ulpian* versteht diese Gleichheit aber nicht als eine des absoluten Egalitarismus, vielmehr differenziert er zwischen der arithmetischen und

---

[21] Vgl. Platon, Politeia I 332 c, IV 433e, vgl. auch Waldstein (1978), Zu Ulpians Definition der Gerechtigkeit, S. 217, Tammello (1977), Theorie der Gerechtigkeit, S. 49.
[22] Vgl. Waldstein (1978), Zu Ulpians Definiton der Gerechtigkeit, S. 231.
[23] Seidl (1957), Einführung in die Ägyptische Rechtsgeschichte bis zum Ende des Neuen Reichs, S. 41.
[24] Vgl. Tammello (1977), Theorie der Gerechtigkeit, S. 11.
[25] Vgl. Ebd., S. 12.
[26] Inst, 1,1 pr., D 1, 1, 20 pr.

der proportionalen Gerechtigkeit.[27] Erstere manifestiert sich in der iustitia commutativa, letztere in der iustitia distributiva.

1.1.1.1.2. Interpretation nach Perelman

Der deutsche Jurist Klaus *Tipke* weist darauf hin, dass auch die Gleichheit kein konkreter Wert ist und die Ergebnisse einer Interpretation von suum cuique tribuere folglich vom Zweck der zu regelnden Sache abhängen, das heißt, dass Gerechtigkeit als Sachgerechtigkeit zu verstehen ist.[28] *Perelman* konkretisiert den Suum-cuique-Grundsatz im Bereich der distributiven Gerechtigkeit nach den folgenden sechs Aspekten: jedem das Gleiche, jedem gemäß seinen Verdiensten, jedem gemäß seinen Werken, jedem gemäß seinen Bedürfnissen, jedem gemäß seinem Rang und jedem gemäß dem ihm durch Gesetz zugeteilten.[29] *Tipke* hingegen postuliert, dass diesen Regeln eine siebte, nämlich die Regel „jedem nach seinen Fähigkeiten“, hinzuzufügen sei, was besonders im Steuerrecht evident wird.[30]

2.2.1.1.1. Jedem das Gleiche

Die Regel „jedem das Gleiche“ verkörpert das Prinzip des absoluten Egalitarismus. Dieser fordert, dass alle Wesen gleichbehandelt werden, ohne dass es legitime Gründe für Differenzierungen gibt. Jeder soll die gleiche Bildung, die gleichen Zensuren und die gleichen Mitspracherechte erhalten. Unabhängig von der Arbeitszeit, der Arbeitsleistung oder der Art der erbrachten Arbeit gebührt allen der gleiche Lohn. „In volkstümlich bildlicher Vorstellung ist das vollkommen gerechte Wesen der Tod, der alle Menschen trifft ohne Rücksicht auf irgendeines ihrer Privilegien.“[31] Im Steuerrecht bedeutet der absolute Egalitarismus nicht das Postulat

---

[27] Vgl. Kirste (2010), Einführung in die Rechtphilosophie, S. 111 f.
[28] Vgl. Tipke (1981), Steuergerechtigkeit, S. 20.
[29] Vgl. Perelman (1945), Über die Gerechtigkeit S. 16 ff.
[30] Vgl. Tipke (1981), Steuergerechtigkeit, S. 19.
[31] Perelman (1945), Über die Gerechtigkeit, S. 16.

eines Kopfsteuerprinzips, sondern die Steuern müssen so verteilt werden, dass durch die Redistribution der Steuergelder alle die gleichen Einkommens- und Vermögensverhältnisse haben. Kritisiert wird an dieser Strömung unter anderem, dass es Vertretern nur um die gleichen Rechte für jeden geht, nicht aber um die gleichen Pflichten.[32]

2.2.1.1.2. Jedem gemäß seinen Verdiensten

Diese Konzeption der Gerechtigkeit verlangt keine absolute Gleichbehandlung, sondern eine Behandlung respektive der Verdienste eines jeden.[33] So wie jedoch das „suum" im Suum-cuique-Grundsatz unbestimmt ist, so ist auch der Begriff des Verdienstes ein unbestimmter Wertbegriff, der einer Konkretisierung bedarf.[34] Nach *Immanuel Kant* ist verdienstlich (meritum), „was jemand pflichtgemäß mehr tut, als wozu er nach dem Gesetze gezwungen werden kann [...]; was er nur gerade dem letzteren angemessen tut, ist Schuldigkeit (debitum); was er endlich weniger tut, als die letztere fordert, ist moralische Verschuldung (demeritum)."[35]

2.2.1.1.3. Jedem gemäß seinen Werken

„Jedem gemäß seinen Werken" bewertet ausschließlich den Erfolg von Leistungen. Demzufolge wird keine gleiche Behandlung von Individuen gefordert, ebenso wenig werden die moralische Gesinnung, die Absicht oder die erbrachten Opfer berücksichtigt. Es kommt alleine auf den Erfolg der Handlung an. Indem diese Regel sich nicht an intrinsischen Werten oder abstrakten Idealen orientiert, wird sie leichter anwendbar als die oben genannten, auch wenn sie in moralischer Hinsicht weniger

---

[32] Vgl. Tipke (1981), Steuergerechtigkeit, S. 12 ff.
[33] Vgl. Perelman (1945), Über die Gerechtigkeit, S. 16 f.
[34] Vgl. Tipke (1981), Steuergerechtigkeit, S. 16.
[35] Kant, Metaphysik der Sitten, 1. Teil, EL IV, S. 63 f.

befriedigend erscheint.[36] Probleme können sich dennoch bei dem Versuch ergeben, verschiedene Werke zu vergleichen, als Beispiel sei der andersartige Charakter einer wissenschaftlichen, einer körperlichen und einer künstlerischen Leistung genannt.[37]

2.2.1.1.4. Jedem gemäß seinen Bedürfnissen

Das Prinzip „jedem nach seinen Bedürfnissen" versucht die Leiden der Menschen zu reduzieren, es zielt nicht auf die erbrachte Leistung ab und verdrängt den Grundsatz „Wer nicht arbeiten will, soll auch nicht essen". In dieser Konzeption nähert sich die Gerechtigkeit dem Begriff der Nächstenliebe.[38] Es wird einzig das Bedürfnis berücksichtigt, unabhängig von Faktoren wie Arbeitswilligkeit oder Leistungsfähigkeit. Dabei spielt es keine Rolle, ob das Bedürfnis auf eigenes schuldhaftes Verhalten zurückzuführen ist. Problematisch gestaltet sich auch bei diesem Prinzip die Interpretation des Bedürfnisses. Beispielsweise stellen sich die Fragen, ob jeder die gleichen Bedürfnisse hat und wie weit diese reichen. So könnte man ausschließlich die zur Existenz notwendigen physischen Bedürfnisse anerkennen oder aber das Bedürfnisprinzip mit dem Lustprinzip gleichsetzen.[39]

2.2.1.1.5. Jedem gemäß seinem Rang

Das hierarchische Prinzip „Jedem gemäß seinem Rang" differenziert die Rechte und Pflichten nach der sozialen Klasse, der Partei oder der Rasse, der jemand angehört. Was gerecht ist, ergibt sich nicht aus eigenen Kriterien des Individuums, sondern jenes ist gerecht, was dem Rang des eigenen Standes entspricht. Dies wird auch in dem lateinischen Sprichwort „Quod licet Iovi, non licet bovi" zum Ausdruck gebracht. Praktisch wird an diesem Prinzip schon lange festgehalten, so wurde bereits in der Antike zwischen Einheimischen und Freien einerseits und Fremden und Sklaven

[36] Vgl. Perelman (1945), Über die Gerechtigkeit, S. 17.
[37] Vgl. Tipke (1981), Steuergerechtigkeit, S. 16 f.
[38] Vgl. Perelman (1945), Über die Gerechtigkeit, S. 18.
[39] Vgl. Tipke (1981), Steuergerechtigkeit, S. 18 ff.

andererseits differenziert. Auch später wurde nach Adeligen, Bürgern, Klerus und Leibeigenen abgestuft. Gegenwärtig ist diese Regel in hierarchisch geordneten Betrieben noch evident.[40] Dieses Prinzip lässt sich mit den oben erörterten nicht vereinbaren und führt nach Meinung derer, die diese anerkennen, zu ungerechtfertigten Privilegierungen.[41]

2.2.1.1.6. Jedem gemäß dem ihm durch Gesetz Zugeteilten

Mit dieser Regel wird dem Suum-cuique-Grundsatz ein juristischer Sinn beigemessen[42], sie entspricht dem Standpunkt der Gesetzespositivisten. Gerecht ist ausschließlich, was der Gesetzgeber entscheidet. Jedes formell korrekt zustande gekommene Gesetz ist, unabhängig von dessen Inhalt, gerecht.[43] Es gibt nach dieser Regel so viele unterschiedliche Konzeptionen der Gerechtigkeit, wie es Gesetze gibt. Was gerecht ist, ist nicht universal, sondern variiert mit den Gesetzen verschiedener Länder. Ein Richter entscheidet dann gerecht, wenn er in paribus paria iura anwendet, er hat dabei nicht das Recht, die Gesetze anzufechten oder zu hinterfragen.[44] Dies entspricht nicht der gesetzlichen Lage Österreichs, die fordert, dass einfache Gesetze inhaltlich verfassungs- und grundrechtskonform sind, widrigenfalls sie durch den Verfassungsgerichtshof angefochten werden können.

1.1.1.1.3. Jedem nach seinen Fähigkeiten

Tipke postuliert, dass die sechs Regeln *Perelmans* durch das Prinzip „jedem nach seinen Fähigkeiten“ ergänzt werden müssen. Danach soll jeder das leisten, wozu er fähig ist. Maßstab ist die Tüchtigkeit des Einzelnen. Ist einer tüchtiger als der andere, so hat er entsprechend mehr zu leisten. Diese Mehrleistung soll ihm jedoch nicht als

[40] Vgl. Perelman (1945), Über die Gerechtigkeit, S. 18 f.
[41] Vgl. Tipke (1981), Steuergerechtigkeit, S. 18 f.
[42] Vgl. Perelman (1945), Über die Gerechtigkeit, S. 19.
[43] Vgl. Tipke (1981), Steuergerechtigkeit, S. 19.
[44] Vgl. Perelman (1945), Über die Gerechtigkeit, S. 20.

besonderes Verdienst angerechnet werden, sie wird qua Gerechtigkeit gefordert. Als Maxime für die Besteuerung bedeutet dies, dass jener, der ein höheres Einkommen hat als andere, verhältnismäßig mehr Steuern zahlen soll als diese.[45]

2.2.2. Gleichheit, Freiheit, Würde

Seit jeher werden drei Werte als Inbegriff der Gerechtigkeit anerkannt. Diese sind die Würde, die (individuelle) Freiheit und die (kollektive) Gleichheit. Konflikte ergeben sich, wenn diese Werte hierarchisch geordnet werden. So sehen manche die Einschränkung der individuellen Freiheit zugunsten der Gleichheit als gerecht an. Andere wiederum stellen die Freiheit über die Gleichheit, woraus sich unvereinbare Positionen ergeben.[46] Auch die Auffassung, dass der Mensch eine unverletzliche Würde besitzt, wird vielfach als gerecht akzeptiert.

Im Bereich der Gleichheit wird zwischen der arithmetischen und der proportionalen Gleichheit unterschieden.[47] Die arithmetische Gleichheit ist Ausdruck der kommutativen Gerechtigkeit, insbesondere des Aspekts der Äquivalenz einer Leistung und ihrer Gegenleistung. Die proportionale Gleichheit ist vor allem im Bereich der distributiven Gerechtigkeit anwendbar und manifestiert sich im gegenwärtigen Steuerrecht in den Progressionsstufen, nach denen ein jeder gemäß seiner Leistungsfähigkeit eine unterschiedlich hohe Steuer zu zahlen hat.[48]

Die Gleichheit wird im geltenden Steuerrecht auch durch die Unterscheidung zwischen horizontaler und vertikaler Gerechtigkeit zum Ausdruck gebracht. Die horizontale Gerechtigkeit fordert, dass wesentlich Gleiches gleich zu behandeln ist, vertikale Gerechtigkeit manifestiert sich in der Ungleichbehandlung von Ungleichem nach dem Verhältnis seiner Ungleichheit. Auf die Besteuerung angewendet, führt die

[45] Vgl. Tipke (1981), Steuergerechtigkeit, S. 19.
[46] Vgl. Rommerskirchen (2015), Das Gute und das Gerechte, S. 34.
[47] Vgl. Kirste (2010), Einführung in die Rechtsphilosophie, S. 112.
[48] Vgl. Tipke (1981), Steuergerechtigkeit, S. 19.

horizontale Gerechtigkeit dazu, dass Personen mit gleich hohem Einkommen die gleiche Steuerlast tragen müssen. Vertikale Steuergerechtigkeit bedeutet hingegen, dass Personen mit unterschiedlich hohem Einkommen unterschiedlich stark belastet werden müssen. Umstritten ist der Grad der nötigen Differenzierung, um ein gerechtes Verhältnis zu erreichen.[49] Die in der Literatur vertretenen Meinungen reichen von degressiven Steuersätzen über proportionale bis hin zu progressiven Steuersätzen.[50]

[49] Vgl. Peffekoven (2008), Steuerehrlichkeit und Steuergerechtigkeit, S. 223 f.

[50] Dazu: Mankiw, Weinzierl, Yagan (2009), Optimal Taxation in Theory and Practice, S. 6-11.

3. Steuerliche Rechtfertigungslehren

Den steuerlichen Rechtfertigungslehren ist gemeinsam, dass sie den Versuch unternehmen, die Steuer nach ihrem Zweck zu rechtfertigen. Als legitimer Zweck der Besteuerung wird primär ihre Finanzierungsfunktion angesehen. Teils basieren Rechtfertigungslehren auch auf dem sozialen Zweck der Besteuerung. Besonderer Rechtfertigung bedürfen bei einer Rechtfertigung der Steuer nach ihrem Zweck vor allem die Lenkungssteuern, die auf Grund ihrer nicht fiskalischen Komponente nicht als Finanzierungsmittel des Staats qualifiziert werden können.

Gegenwärtig befassen sich sowohl Rechtswissenschaft als auch Finanzwissenschaft und Staatsphilosophie vor allem mit dem „Wie" der Besteuerung, das heißt mit der Verteilung der Steuerlast.[51] Im Folgenden wird das „Ob" wieder aufgenommen und es werden sowohl ausgewählte Rechtfertigungstheorien als auch Theorien gegen die Besteuerung vorgestellt. Diese sollen kritisch auf ihre Geeignetheit als Rechtfertigung für die Besteuerung geprüft werden und es wird versucht, die ihnen immanenten Grenzen herauszuarbeiten. Dazu werden ausschließlich allgemeine Theorien betrachtet, die die Besteuerung per se rechtfertigen und nicht konkrete Formen wie beispielsweise die Einkommensteuer oder Erbschaftssteuer.

3.1. Historische Entwicklung

Während Steuern bereits im Alten Testament, bei den Griechen und bei den Römern als factum brutum existieren, entwickeln sich systematische steuerliche Rechtfertigungslehren erst zu Beginn des 17. Jahrhunderts mit der Herausbildung des modernen Staats.[52] Davor äußerte sich *Thomas von Aquin* zur Rechtfertigung der Steuern, indem er diese einerseits als legitimen Raub betrachtet, andererseits als

---

[51] Vgl. Vogel (1986), Rechtfertigung der Steuer, S. 481.
[52] Vgl. Ebd., S. 486.

gerechtfertigt ansieht, solange sie ein fairer Preis für die Leistungen des Souverän sind.[53]

Auch die Scholastik des Mittelalters entwickelt einzelne Rechtfertigungsansätze, Steuern (stiure) sind zu dieser Zeit jedoch lediglich Hilfe in der Not. Sie werden grundsätzlich geschuldet, bedürften aber der Bewilligung, wobei ihre Rechtfertigung jeweils im Einzelfall geprüft wird. Die Gründe für die Zulässigkeit der Steuererhebung sind vielfältig, unter anderem zählen dazu „die Rüstung, der Lebensaufwand des Fürsten oder dessen Auslösung aus einer Gefangenschaft". [54]

Der Grundsatz, dass die Steuer durch ihren Zweck legitimiert ist, prägt auch die deutsche Kameraljurisprudenz im 17. Jahrhundert. Zusätzlich zu den zahlreichen gerechtfertigten Zwecken des Mittelalters werden auch die „necessitas vel utilitas publica" als akzeptable Besteuerungsgründe angesehen. Auf dieser Grundlage sind zwar ausschließlich Ausgaben des allgemeinen Interesses gerechtfertigt, die im Vergleich zum Mittelalter sehr allgemein gehaltene Formulierung indiziert jedoch bereits die Entwicklung der Steuer zu einer regelmäßigen gerechtfertigten Abgabe. [55]

Ausgehend davon, dass Steuern in regelmäßigeren Abständen erhoben werden, entwickeln sich die steuerlichen Rechtfertigungslehren von der Rechtfertigung im Einzelfall weiter zu der Rechtfertigung der Steuer an sich. Es steht nicht mehr der öffentliche Nutzen der Steuer im Vordergrund, sondern es wird primär der Nutzen des Staats für den Einzelnen betont.[56] Dieser wird vor allem in dem von diesem gewährten Schutz gesehen, der durch Steuern abzugelten ist.[57] Bereits *Bodin* kommt zu dem Schluss, dass „la tuition et defense des particuliers, depend de la conservation

[53] Vgl. Thomas von Aquin, Summa Theologica II-II, Frage 66, Kapitel 8, vgl. auch Meredith (2008), The Ethical Basis for Taxation in the Thought of Thomas Aquinas, S. 41 ff.
[54] Vogel (1986), Rechtfertigung der Steuer, S. 486.
[55] Vgl. Ebd., S. 486.
[56] Vgl. Ebd., S. 487.
[57] Vgl. Weston (1903), Principles of Justice in Taxation, S. 75 f.

du public“[58]. Daran schließt *Hobbes* mit seiner auf der Staatsvertragstheorie beruhenden Nutzentheorie an, indem er in den Steuern nichts anders als den Preis des erkauften Friedens („emptae pacis pretium“[59]) sieht.[60] Die Steuer wird somit als Gegenleistung für den vom Staat gewährten Schutz des Vermögens und der eigenen Person qualifiziert. Ab *Adam Smith* werden additiv dazu auch über den Schutz hinausgehende staatliche Leistungen als Rechtfertigungsgründe berücksichtigt. Als Teil der Nutzentheorie wird auch die stark kritisierte Assekuranztheorie verstanden, die die Steuer mit einer Versicherungsprämie und den Staat mit einem Versicherungsunternehmen gleichsetzt.[61]

Mit der Entwicklung der organischen Staatslehre in der Romantik wird die Nutzentheorie weitgehend verdrängt. Die organische Staatslehre betrachtet den Staat als ein lebendiges Ganzes, als eine höhere Einheit, die nicht mehr in den Diensten der Menschheit steht. Somit wird auch die Steuer nicht als Mitbeteiligung oder Gegenleistung gesehen. *John Stuart Mill* bezeichnet die Steuer wenig später als „sacrifice“, was von den deutschen Romantikern übernommen wird, sodass die Steuer als gerechtfertigt angesehen wird, weil ein jeder die Pflicht hat, dem beinahe vergöttlichten Staat Opfer zu erbringen. Das Ziel der Opfertheorie ist es, eine gerechte Verteilung der Steuerlast zu bewirken. Diese ist dann erreicht, wenn jeder das gleiche Opfer erbringt, was einem progressiven Steuersatz entspricht.[62]

Mit dieser Entwicklung wird das „Ob“ der Besteuerung ad acta gelegt, zentrales Anliegen der Forschung ist die gerechte Verteilung der Steuerlast. Sowie die Rechtswissenschaft wird auch die Finanzwissenschaft positivistisch, sie erkennt die Besteuerung als Tatsache, deren Rechtfertigung nicht ihre Aufgabe ist, an. Die

---

[58] Bodin, Les six livre de la Rèpublic, L. VI, Ch. II, S. 40 f., dazu Vogel (1986), Rechtfertigung der Steuer, S. 487.
[59] Hobbes, Elementa philosophica de cive, cap. XIII §10.
[60] Vgl. Hobbes, Vom Bürger, 3. Teil, Kap. 13, Abs. 10, S. 218.
[61] Vgl. Vogel (1986), Rechtfertigung der Steuer, S. 487 f.
[62] Vgl. Ebd., S. 488 ff.

organische Staatstheorie wird abgelehnt, Nutzen- und Opfergedanke werden allenfalls für die Erforschung eines gerechten Steuertarifs verwendet. Aus dem Opferprinzip wird das heute weitgehend anerkannte Prinzip der Leistungsfähigkeit abgeleitet.[63]

Neben den oben genannten Theorien ist im 19. Jh. die Reproduktivitätslehre von *Lorenz von Stein* bedeutsam. Dieser stellt fest, dass sich der Staatsbegriff fortlaufend wandelt. Der jeweiligen Konzeption des Staats passen sich auch der Charakter und die Rechtfertigung der Steuer an. Ausgehend davon entwickelt er eine steuerliche Rechtfertigungslehre und gibt dabei explizit die Bedingungen an, unter denen diese gültig ist.

Im 20. Jahrhundert versucht unter anderem der US-amerikanische Ökonom *James M. Buchnan* die Steuer dem Grunde nach zu rechtfertigen. Er betont das Gebot, eine globale Gleichwertigkeit zwischen den staatlichen Leistungen und den erhobenen Steuern herzustellen. Auch der US-amerikanische Jurist *Charles Fried* und *John Rawls* versuchen die Steuer in jüngerer Zeit zu rechtfertigen, sie beschränken sich jedoch auf die Verwendung von Steuermitteln zu Zwecken der Redistribution als Rechtfertigungsgrund. Der US-amerikanische Jurist *Alvin Warren* stellt fest, dass bestimmte Güter besser durch den Staat als durch den Markt der Wirtschaft erzeugt werden, was den Gedanken der Gegenleistung wieder hervorbringt.[64] Der US-amerikanische Rechtswissenschaftler *Richard Epstein* hingegen sieht die Besteuerung als einen Unterfall der Enteignung, die durch staatliche Naturalleistungen entschädigt wird. Dieser Gedanke gleicht der Nutzentheorie in ihrer ursprünglichen Form. Der deutsche Rechtswissenschaftler *Klaus Vogel* knüpft an die Theorie von *Lorenz von Stein* an. Er meint, dass im heutigen Staat die Zunahme der großen Konzerne derartig an Bedeutung gewonnen hat, dass nicht mehr nur das Verhältnis zwischen Staat und

---

[63] Vgl. Ebd., S. 491.
[64] Vgl. Ebd., S. 492.

Bürger, sondern auch jenes zwischen Staat und Wirtschaft in staatstheoretischen Überlegungen berücksichtigt werden muss. Diese sollen getrennt voneinander einen ihnen zugewiesenen Aufgabenbereich erfüllen. Da der Staat nicht die Aufgaben der Wirtschaft übernehmen darf, muss die Wirtschaft Teile ihres Gewinns an den Staat abgeben. Diese Mittel muss der Staat wiederum für die Wahrung der allgemeinen Interessen einsetzen. [65] Der Jurist *Alexander Klein* hingegen sieht Steuern als gerechtfertigt, weil sie akzeptiert werden. Die Notwendigkeit des Staats und der Steuererhebung haben Einzug in den Basiskonsens gefunden und gelten daher als akzeptiert und somit auch als legitim.[66]

Andererseits gibt es auch Autoren, die die Meinung vertreten, dass Steuern nicht gerechtfertigt sind. So bezeichnet beispielsweise der US-amerikanische Philosoph *Robert Nozick* die Steuer als Zwangsarbeit.[67] Auch der deutsche Philosoph *Peter Sloterdijk* lehnt die Besteuerung ab, indem er diese wie *Thomas von Aquin* als „legitimen Raub" bezeichnet.[68] Für ihn werden Steuernormen nach der Tradition des Absolutismus einseitig von oben angeordnet und sollten, um dies zu vermeiden, durch freiwillige Spenden ersetzt werden.[69]

3.2. Nutzentheorie

Der deutsche Philosoph *Samuel von Pufendorf* beschreibt die Steuer als die „merces quam singuli pendunt civitati pro defensione salutis ac bonorem suorum"[70]. Diese Konzeption entspricht dem Nutzenprinzip, das die Steuer als Gegenleistung für den vom Staat gewährten Schutz interpretiert. Das Nutzenprinzip baut auf der Staatsvertragslehre auf, die im Wesentlichen besagt, dass im ursprünglichen

[65] Vgl. Ebd., S. 504 ff.
[66] Vgl. Klein (1998), Akzeptanz als Element einer steuerlichen Rechtfertigungslehre, S. 187.
[67] Vgl. Vogel (1986), Rechtfertigung der Steuer, S. 484.
[68] Sloterdijk (2010), die nehmende Hand und die gebende Seite, S. 15.
[69] Vgl. Ebd., S. 20 ff.
[70] Pufendorf, de jure naturae et gentium, lib. VIII cap. 5 § 4.

Naturzustand „Krieg aller gegen alle (bellum omnium contra omnes)“[71] herrschte. Um diesen Zustand zu vermeiden, wurde gleichsam durch Vertrag der Staat errichtet, der den Menschen und ihrem Eigentum Schutz gewähren sollte. Das Nutzenprinzip entspringt eben diesem Gedanken, dass es der Zweck und die Aufgabe des Staats ist, seine Bürger zu beschützen. Dieser Schutz muss durch Steuergelder abgegolten werden, er rechtfertigt das Erheben von Steuern. Das wesentliche Charakteristikum der Nutzentheorie ist somit, dass für die Steuergelder eine konkrete Gegenleistung, nämlich der vom Staat gewährte Schutz der Person und des Eigentums, gebührt.

Dabei werden verschiedene Auffassungen vertreten, wie die Steuergelder bemessen werden sollten. So besagt die Cost-of-service-Theorie, dass jeder soviel an Steuergeldern zahlen muss, wie er dem Staat an Kosten verursacht. Aus dieser entwickelte sich die Value-of-service- Theorie, die auf den Wert des Schutzes abziehlt. Eine weitere Ausgestaltung des Nutzenprinzips bildet die Assekuranztheorie, die die Steuer mit einer Versicherungsprämie und den Staat mit einem Versicherungsunternehmen vergleicht. Im Folgenden sollen ausgewählte Vertreter der Nutzentheorie näher erörtert werden.

3.2.1. Thomas Hobbes

Als Vertreter des ethischen Egoismus sah *Hobbes* den Zustand ohne Staat als einen, der von Gewalt und Betrug beherrscht ist, als einen Zustand, in dem jeder ein Recht auf alles hat. Aus diesem elenden Zustand versuchen sich alle zu befreien. Dazu ist es notwendig, dass ein jeder durch den Abschluss von Verträgen sein Recht auf alles aufgibt.[72] Demgemäß rechtfertigt *Hobbes* den Staat durch einen Vertrag unter den Bürgern, der geschlossen worden ist, um einen Krieg „aller gegen alle“[73] zu

[71] Hobbes, Vom Bürger, Vorwort, S. 74.
[72] Vgl. Groves (1974), Tax Philosophers, S. 4.
[73] Hobbes, Vom Bürger, Vorwort, S. 74.

vermeiden. Dieser neue Zustand ist für *Hobbes* die Manifestation der Gerechtigkeit. Denn es kann Gerechtigkeit nur in einem Staat geben, in dem es einen Souverän gibt, der das gerechte Recht durchzusetzen vermag.[74] „Where there is no common power", so *Hobbes*, „there is no law: Where no law, no injustice."[75]

Der primäre Zweck des Staats liegt für *Hobbes* im Schutz der Person. „Taxes", schreibt er, „are nothing else but the wages due to them who hold the sword to defend private men in the exercise of their several trades and callings."[76] Da aus dem vom Staat gewährten Schutz der Genuss des Lebens resultiert, das für Arme und Reiche gleich wertvoll ist, sollte laut *Hobbes* auch die Schuld eines Armen dem Staat gegenüber gleich hoch sein wie die eines Reichen, wenn auch der Genuss des Lebens der gleiche ist. Der Indikator für den Genuss des Lebens ist für *Hobbes* nicht das, was einer verdient oder an Vermögen hat, sondern jenes, was einer konsumiert. Daher sieht *Hobbes* die Gleichheit der Besteuerung nicht in einem Kopfsteuerprinzip oder der Besteuerung gemessen am Vermögen, sondern darin, dass ein jeder Steuern zahlt respektive dem, was er konsumiert.[77]

Begrenzt ist die Rechtfertigung nach *Hobbes* durch den Zweck des Staats, der einzig im Schutz der Menschen besteht. Für andere Zwecke dürfen folglich keine Steuern erhoben werden. Der Höhe nach findet sich bei *Hobbes* keine Grenze der Besteuerung. Er beschreibt Steuern nur als Lohn für die Verteidiger der Bürger, gibt aber nicht an, ob dieser angemessen sein muss oder auch unangemessen hoch sein darf. Eine weitere Grenze sieht *Hobbes* in dem Modus der Erhebung, der entsprechend der heutigen Mehrwertsteuer die Besteuerung der Konsumption fordert.

---

[74] Vgl. Kirste (2010), Einführung in die Rechtsphilosophie, S. 116.
[75] Hobbes, Leviathan, Part I, Ch. XIII.
[76] Ebd., Part II, Ch. XXX.
[77] Vgl. Ebd., Part II, Ch. XXX.

An der Theorie von *Hobbes* wird kritisiert, dass, wenn der einzige Zweck des Staats der Schutz des Lebens des Einzelnen ist, die Kosten, die dieser Schutz verursacht, die logische Basis für die Bemessung der Steuerlast sind und nicht das, was einer konsumiert oder ausgibt. Es wird in der Literatur auch darauf hingewiesen, dass die Kosten des Schutzes, den einer vom Staat erhält, nicht durch Konsumption messbar sind, ja, dass diese überhaupt nicht messbar sind und somit unmöglich als Basis für die Bemessung der Steuer dienen können. Darüber hinaus wird die Prämisse, dass der Staat einzig dem Schutz des Lebens dient, als falsch angesehen, da die Zwecke weit vielfältiger sind, als das Leben der Bürger zu schützen.[78]

Heute ist die Theorie von *Hobbes* vor allem deshalb nicht mehr als steuerliche Rechtfertigungslehre geeignet, weil nach dieser jedem Steuerzahler eine konkrete Gegenleistung für die erbrachte Steuer gebührt. Qua definitionem werden Steuern, im Unterschied zu Gebühren und Beiträgen,[79] heute jedoch als Abgaben verstanden, für die gerade keine Gegenleistung gebührt. Daher bietet die Nutzentheorie keine geeignete Rechtfertigung für die Besteuerung im heutigen Sinne.

3.2.2. John Locke

Locke äußert sich nicht sehr umfangreich zu den Steuern. Auch er sieht ihren Grund in dem Schutz, den der Staat seinen Bürgern gewährt. Daher soll auch die Verteilung proportional zu den Kosten des Schutzes, die der Einzelne verursacht, sein. Die Kosten dieses Schutzes berechnen sich laut *Locke* aus dem Grundbesitz und variieren somit mit dem Ausmaß des Eigentums an Liegenschaften. Darüber hinaus sieht er Steuern nur als gerechtfertigt, wenn sie von der Mehrheit befürwortet werden, willkürliche Besteuerung hingegen verletze das Recht auf Eigentum.[80] *Locke* drückt dies wie folgt aus:

---

[78] Vgl. Weston (1903), Principles of Justice in Taxation, S. 82 f.
[79] Vgl. Doralt (2016), Steuerrecht, S. 4.
[80] Vgl. Locke, Second Treatise of Government, Ch. XI, Sek. 140.

„But still it must be with his [des Bürgers] own consent, i.e. the consent of the majority, giving it either by themselves, or their representatives chosen by them: for if any one shall claim a power to lay and levy taxes on the people, by his own authority, and without such consent of the people, he thereby invades the fundamental law of property".[81]

3.2.3. Montesquieu

Montesquieu vertritt ebenso wie *Hobbes* und *Locke* das Nutzenprinzip. Laut ihm sind „Les revenues de l´Etat [...] une portion que chaque citoyen donne de son bien pour avoir la sureté de l´autre, ou pour en jouir agréablement."[82] Er sieht in dem Verhältnis zwischen Staat und Bürger den Staat als Schutzherrn und Garant der Freiheit, der Bürger hingegen müsse die Kosten dieses Schutzes im Verhältnis des erhaltenen Nutzens kompensieren. Der Wert dieses Schutzes bemisst sich laut *Montesquieu* an der Größe der beschützten Liegenschaft. Dies indiziert bereits eine Entwicklung zum Leistungsfähigkeitsprinzip. So wäre es beispielsweise möglich, die Größe der Liegenschaft als Parameter der Leistungsfähigkeit zu qualifizieren.[83]

3.2.4. Adam Smith

Adam Smith sieht als Gegenleistung für die Steuer nicht nur den vom Staat gewährten Schutz, sondern berücksichtigt auch andere darüber hinaus gehende staatliche Leistungen, wie zum Beispiel die Herstellung der Gerechtigkeit. Dennoch bewertet er diese Leistungen als konkret gebührende Gegenleistung für die eingehobene Steuer und ist daher als Vertreter des Nutzenprinzips zu qualifizieren.[84]

---

[81] Ebd., Ch. XI, Sek. 140.
[82] Montesquieu, de l´esprit des lois, L. XIII, Ch. 1, S. 419.
[83] Vgl. Weston (1903), Principles of Justice in Taxation, S. 125 f.
[84] Vgl. Ebd., S. 126.

Die Höhe der Steuer soll nach *Smith* nicht vom Ausmaß des Grundbesitzes abhängen, sondern es sollen alle im Verhältnis zu ihren Fähigkeiten besteuert werden. Dies bedeutet, dass sich die Höhe der Steuer an den Einkünften, die man unter dem Schutz des Staats erwirtschaften kann, orientiert. Er vergleicht dies mit „den Ausgaben der Wirtschaftsführung eines ausgedehnten Guts", bei der alle Pächter verpflichtet sind, „im Verhältnis zu ihren Interessen am Grund und Boden dazu beizutragen." [85] Dies führt jedoch nicht zwingend zu einem progressiven Steuersatz, vielmehr wird *Smith* die Befürwortung eines proportionalen Steuertarifs unterstellt. Andererseits sieht er es nicht als unangemessen (unreasonable) an, wenn Reiche höhere als die zu ihrem Einkommen proportionalen Steuern zahlen müssen. Dies entspräche einer progressiven Besteuerung. *Smith* sprach sich aber auch für eine Nichtbesteuerung des Existenzminimums aus, was einem degressiven Steuersatz gleichkommt.[86]

Adam Smith hat vier Steuermaximen aufgestellt, die als Grenzen der Rechtfertigung angesehen werden können. Einerseits müssen Steuern in ihrer Verteilung gleich sein. Darüber hinaus dürfen sie nicht willkürlich, sondern müssen bestimmt und vorhersehbar sein. Dieses Bestimmtheitsgebot umfasst sowohl die Höhe der Steuer als auch ihren Abgabetermin und die Zahlungsform. Die dritte Maxime besagt, dass der Zeitpunkt der Fälligkeit und die Art der Erhebung der Steuern bequem und angenehm sein sollen, das heißt, dass sie zu einer Zeit und auf eine Art geschehen soll, in der dem Zahlungspflichtigen die Abgabe am leichtesten fällt. Schließlich müssen Steuern ökonomisch erhoben werden, ihre Eintreibung darf nicht zu teuer sein und ihr Ausmaß darf nicht so groß sein, dass es den „Erwerbsfleiß der Bevölkerung" beeinträchtigt.[87]

---

[85] Smith (1789), Wohlstand der Nationen, S. 703.
[86] Vgl. Groves (1974), Tax Philosophers, S. 19 f.
[87] Smith (1789), Wohlstand der Nationen, S. 703 f.

3.2.5. Carl Von Hock

Von Hock erkennt an, dass der Staat sowohl die Person als auch deren Eigentum schützt. Daher fordert er, anders als seine Vorgänger, dass für den Schutz der Person eine gleich hohe Steuer für alle anfällt, kumulativ dazu sollte jedoch für das Eigentum eine zu diesem proportionale Steuer erhoben werden.[88]

Von Hock sieht es als die erste und höchste Regel, dass die Besteuerung gerecht ist. Darunter versteht er einerseits, dass der Staat nur in jenem Ausmaß Steuern erheben darf, in dem sie durch den Zweck des Staats gerechtfertigt sind, andererseits, dass keiner „an und für sich und im Verhältnis zu anderen in einem höheren Maße Steuern" zahlt als zu dem er nach dem Gesetz verpflichtet ist. Darüber hinaus darf eine gerechte Besteuerung kein Sittengesetz und subjektives Recht verletzen.[89]

3.2.6. Frédéric Bastiat und Arthur Latham Perry

Bastiat und *Perry* entwickelten das Nutzenprinzip weiter, indem sie ihre steuerliche Rechtfertigungslehre auf dem Grundsatz der Arbeitsteilung aufbauen. Sie stellen die Prämisse auf, dass alle Bereiche der Wirtschaft Schutz erfordern und dass in einer arbeitsteiligen Gesellschaft diese Schutzfunktion dem Staat zukommt.[90] Für diesen Schutzdienst muss jede wirtschaftliche Aktivität im Gegenzug einen gleichwertigen Dienst an den Staat leisten. Dieser gleichwertige Dienst wird in Form von Steuern erbracht.[91]

Perry sieht die Rechtfertigung der Steuer auch im allgemeinen Tauschprinzip. Es entsteht nämlich ein Wert im Austausch von Dienstleistungen. Dieser Austausch ist jedoch nur möglich, wenn der Staat den Schutz der Person und des Eigentums

---

[88] Vgl. Von Hock (1863), Die öffentlichen Abgaben und Schulden, §§ 1-4, S. 1-18.
[89] Ebd., § 1, S. 3.
[90] Vgl. Weston (1903), Principles of Justice in Taxation, S. 129.
[91] Vgl. Perry (1891), Political Economy, S. 542 f.

gewährleistet. Daher soll jeder den Anteil der Gesamtsteuerlast tragen, der sich aus dem Verhältnis der Einkünfte aller Tauschgeschäfte ergibt.[92] Eine ähnliche Argumentation findet sich auch bei *Bastiat*, der in den Dienstleistungen des Staats nichts anderes als die Gegenleistung für die Steuer sieht (il n´y a qu´échange).[93]

Bastiat und *Perry* sehen Steuern nur in jenem Ausmaß gerechtfertigt, in dem es der Gegenleistung, dem Schutz der Wirtschaft durch den Staat, äquivalent ist. Sie beschränken somit den Zweck des Staates auf die Schutzfunktion und die Höhe der Steuer auf den Wert der Gegenleistung.

Der Grundsatz, dass bestimmte Aufgaben präferenziell vom Staat, der am Gemeinwohl orientiert ist, übernommen werden und nicht durch gewinnorientierte Unternehmen besorgt werden sollten, ist durchaus zeitgerecht. Es erschöpft sich die Funktion des Staats jedoch nicht im Schutz der Wirtschaft, wie dies von *Perry* und *Bastiat* behauptet wird, sondern die Aufgaben des Staats sind weit vielfältiger. Vor allem im europäischen Staat kann der Schutz der Wirtschaft nicht als die einzige Gegenleistung für die erbrachten Steuern gewertet werden.

3.2.7. Adolphe Thiers

Thiers gilt als Hauptvertreter der Assekuranztheorie, die als Teil der Nutzentheorie zu qualifizieren ist. Er vergleicht den Staat mit einem als Aktiengesellschaft organisierten Versicherungsunternehmen, dessen Funktion in der Versicherung des Lebens und des Eigentums liegt. Daher sollte die Steuer ebenso bemessen werden wie die Prämie einer Versicherung.[94]

Zu kritisieren ist an dieser Theorie, dass ein gewinnorientiertes Versicherungsunternehmen und ein am Gemeinwohl orientierter Steuerstaat in

[92] Vgl. Ebd, S. 542 f.
[93] Bastiat (1850), Ce qu´on voit et ce qu´on ne voit pas, S. 14.
[94] Vgl. Weston (1903), Principles of Justice in Taxation, S. 132.

wesentlichen Eigenschaften voneinander abweichen, sodass sie nicht vergleichbar sind. Es gewährt beispielsweise der Staat im Unterschied zu einer Versicherung bei einem fremdverschuldeten Schadensfall keinen Ersatz. Auch *Leroy-Beaulieu* weist darauf hin, dass, wenn beispielsweise ein Dieb etwas gestohlen hat, der Staat den Dieb zwar verfolgen wird, wenn dieser aber das Eigentum bereits konsumiert hat, so wird es der Staat, im Unterschied zu einer Versicherung, nicht wiederherstellen.[95] Vor allem aber kann die Bemessung der Steuer nicht mit der Bemessung der Versicherungsprämie äquivalent sein. Die Versicherungsprämie berechnet sich individuell nach dem Risiko, dass ein Schadensfall eintritt, was für die Verteilung der Steuer kein angemessenes Prinzip ist. Bei der Versicherung sind die Kosten, die verursacht werden, entweder wesentlich höher oder wesentlich geringer als die bezahlte Prämie. [96]

3.2.8. Alvin Warren

Alvin Warren bringt zwei Rechtfertigungsgründe für die Besteuerung vor. Ähnlich wie *Bastiat* und *Perry* betont er einerseits, dass es besser sei, gewisse Güter durch den öffentlichen Sektor als durch den privaten Markt zu erzeugen.[97] Diese vom öffentlichen Sektor erzeugten Güter müssen durch Steuern abgegolten werden, was dem Gedanken des Nutzenprinzips entspricht, dass für jede Leistung eine konkrete Gegenleistung gebührt.[98] Andererseits führt *Warren* aus, dass der Markt unzulänglich ist und daher ein kollektiver Anspruch auf Umverteilung besteht. Er sieht somit die Steuer auch auf Grund ihrer Umverteilungsfunktion als gerechtfertigt an und ließe sich daher auch als Vertreter der solidarischen Rechtfertigungslehren qualifizieren.[99]

---

[95] Vgl. Leroy-Beaulieu (1967), On Taxation in General, S. 155.
[96] Vgl. Weston (1903), Principles of Justice in Taxation, S. 134, 164.
[97] Vgl. Warren (1979), Would a Consumption Tax be Fairer than an Income Tax? S. 1090.
[98] Vgl. Vogel (1986), Die Rechtfertigung der Steuer, S. 493.
[99] Vgl. Warren (1979), Would a Consumption Tax be Fairer than an Income Tax? S. 1091.

Die Ansicht, dass bestimmte Aufgaben besser durch den öffentlichen Sektor als durch private gewinnorientierte Unternehmen besorgt werden, vermag auch heute noch zu überzeugen. Problematisch ist jedoch die Abgrenzung der Aufgaben, die vom Staat besorgt werden sollten, von jenen, die der Wirtschaft zuteil werden sollten. So vertreten zwar viele die Auffassung, dass der Rechtsschutz weitgehend in den Aufgabenbereich des Staates fallen sollte, bei dem Bau von Straßen oder Brücken ist dies jedoch bereits umstrittener, denn es haben sich teils auch privat finanzierte Straßen, für deren Benutzung eine Gebühr an den Finanzier zu entrichten ist, bewährt.

Warren rechtfertigt die Steuer somit durch die Zwecke des Staats. Darin liegt auch die Grenze seiner Rechtfertigungslehre. Sind die Aufgaben, die der Staat wahrnimmt, dergestalt, dass sie besser von der Privatwirtschaft besorgt würden, so ist die Verwendung der Steuermittel zur Besorgung dieser Aufgaben auch nicht gerechtfertigt.

3.2.9. Richard Epstein

Richard Epstein vertritt der Idee nach die Nutzentheorie in ihrer anfänglichen Fassung.[100] Er qualifiziert die Besteuerung verfassungsdogmatisch als Enteignung, für die, von Gesetzes wegen, eine Entschädigung durch staatliche Naturalleistung zustehen sollte.[101] Die Steuer hat für ihn einen rein obligatorischen Charakter, er sieht in ihr keine Elemente der Freiwilligkeit und Akzeptanz. Da die staatliche Gegenleistung dieselbe Wertigkeit wie das enteignete Gut (die Steuer) hat, ist die Steuer dennoch gerechtfertigt.

Es ist heute nicht nur in der europäischen Literatur anerkannt, dass die Steuer nicht unter den verfassungsrechtlichen Begriff der Enteignung zu subsumieren ist.[102] Auch

[100] Vgl. Vogel (1986), Die Rechtfertigung der Steuer, S. 493.
[101] Vgl. Epstein (1985), Takings, Ch. 283 ff.
[102] Vgl. Vogel (1986), Die Rechtfertigung der Steuer, S. 494.

dass kein Element der Freiheit und der Akzeptanz in der Steuer zum Ausdruck gebracht wird, ist äußerst kontrovers.[103]

3.2.10. James M. Buchnan

James M. Buchnan baut seine steuerliche Rechtfertigungslehre auf der staatstheoretischen Überlegung auf, dass es eine organistische und eine individualistische Konzeption des Staats gibt. Erstere sieht den Staat als ein einheitliches Ganzes, das seine Entscheidungen gemessen am „gesellschaftlichen Nutzen“[104] treffen soll. Nach der individualistischen Staatsauffassung hingegen entscheidet der Staat nach dem kollektiven Willen seiner Angehörigen, deren Ziele er ausschließlich verfolgt. *Buchnan* geht auf ebendieses individualistische Modell ein, nach dem Steuern und staatliche Leistungen eine „quid-pro-quo“-Transaktion zwischen dem Staat und allen „Individuen als Gesamtheit“[105] sind. Der Unterschied zu der älteren Nutzentheorie liegt darin, dass nach dieser einem jeden eine individuelle Gegenleistung für seine Abgabe gebührt, wohingegen *Buchnan* eine der Gesamtsteuerlast äquivalente Gegenleistung für die Steuerzahler als Gesamtheit fordert. Als Belastung für den Einzelnen sieht er die Steuer nur in dem Maße, in dem sich eine Differenz aus den eingehobenen Steuern und den gewährten Leistungen ergibt.[106]

Die Ansicht, dass die Wertigkeit der staatlichen Leistungen dem Wert der insgesamt eingehobenen Steuern entsprechen muss, beschränkt den Staat in der Verwendung der Steuermittel. Jener Teil der Gesamtsteuerlast, der den Wert der Gegenleistung übersteigt, ist nicht mehr gerechtfertigt. Steuern, die durch den Staat verschwendet werden, schmälern den Wert der Gegenleistung und sind somit auch nicht

---

[103] Dazu: Klein (1998), Akzeptanz als steuerliche Rechtfertigungslehre, S. 185.
[104] Buchnan (1960), Fiscal Theory and Political Economy, S. 8 ff.
[105] Ebd., S. 9.
[106] Vgl. Buchnan (1960), Fiscal Theory and Political Economy, S. 19 ff.

gerechtfertigt. Diese Grenze der Besteuerung zwingt den Staat zur Wirtschaftlichkeit und sollte daher anerkannt werden.

3.2.11. Herbert Spencer

Spencer weicht von den oben erörterten Theorien ausschließlich in der Begründung ab. Wie die übrigen Vertreter der Nutzentheorie kommt er zu dem Ergebnis, dass Steuern eine Gegenleistung für den vom Staat gewährten Schutz darstellen. Als Vertreter des Sozial Darwinismus wendet *Spencer* die Evolutionstheorie *Darwins* auf soziale Systeme an.[107] Die Gesellschaft sieht er somit als einen Organismus, der den biologischen Organismen gleicht und denselben Regeln unterliegt. Die Evolution der Gesellschaft unterliegt folglich der Selektion, sie nähert sich gemäß *Spencer* der Perfektion an und ist unabdingbar. Der Parameter der Selektion ist die Stärke. Es werden sich daher nur die stärksten Völker durchsetzen und weiterentwickeln. Auch die Menschen selbst unterliegen dieser Regel der Evolution, was, solange die Welt nicht vom Altruismus dominiert wird, zu Wettbewerbssituationen und Konflikten zwischen den Menschen führt.[108] Der Staat sollte daher den Steuerzahlern die Freiheit, dass ein jeder seine Fähigkeiten ausüben kann, gewährleisten. Die einzige Einschränkung der Freiheit des Einzelnen besteht darin, dass diese mit der Freiheit aller anderen vereinbar sein muss.[109] Soziale Zwecke, wie die Redistribution von Vermögen oder die staatlich finanzierte Krankenversorgung, darf der Staat hingegen nicht anstreben, da diese der Evolution in Richtung Perfektion abträglich sind. Die einzig akzeptable Funktion des Staates liegt darin, die Freiheit eines jeden zu gewährleisten.[110] Zu diesem Zweck dürfen auch Steuern erhoben werden. Die

[107] Vgl. Groves (1974), Tax Philosophers, S. 9.
[108] Vgl. Weston (1903), Principles of Justice in Taxation, S. 91 f.
[109] Vgl. Spencer (1851), Social Statistics, S. 123.
[110] Vgl. Groves (1974), Tax Philosophers, S. 9.

Verteilung muss zwingend nach dem Prinzip der Gleichheit erfolgen, um die Evolution nicht zu verzerren.[111]

Die Grenze dieser Theorie bildet jede steuerliche Maßnahme, die geeignet ist, die Evolution zu verzehren. Dies können verschiedene staatliche Zwecke sein, zu denen die Steuermittel verwendet werden, wie beispielsweise die Redistribution oder ein öffentliches Gesundheitswesen. Andererseits können sich Restriktionen der Besteuerung aus der Verteilung ergeben.

3.2.12. Geeignetheit der Nutzentheorie als Rechtfertigungsgrund

Nach Erörterung der Thesen der Vertreter des Nutzenprinzips stellt sich die Frage, ob die Theorie geeignet ist, Steuern dem Grunde nach zu rechtfertigen. Die Nutzentheorie basiert in ihrer ursprünglichen Fassung auf der Staatsvertragslehre, die den Staat als gerechtfertigt ansieht, weil er dem Einzelnen und seinem Eigentum Schutz gewährt. Dieser Schutz verursacht Kosten, die durch Steuern abgegolten werden müssen. Aus den Prämissen, dass sowohl der Staat als auch sein Schutzzweck gerechtfertigt sind, folgt für die Vertreter der Nutzentheorie, dass auch die Besteuerung gerechtfertigt ist.

Nach dem gegenwärtigen Verständnis entspricht die Auffassung, dass für Abgaben eine konkrete Gegenleistung gebührt, der Definition der Gebühren und Beiträge. Steuern sind hingegen gerade dadurch charakterisiert, dass für diese keine Gegenleistung zusteht. Daher ist die Nutzentheorie auch nicht geeignet, die Steuer im gegenwärtigen Verständnis zu rechtfertigen. Auch praktisch wäre es bei der Vielfalt der Steuern und der Vielfalt der staatlichen Aufgaben nicht möglich, jeder erbrachten Steuerleistung eine Gegenleistung gegenüberzustellen. Die Idee der Nutzentheorie, dass der Staat Leistungen erbringt, deren Kosten gedeckt werden müssen, vermag

[111] Vgl. Weston (1903), Principles of Justice in Taxation, S. 94.

jedoch ebenso zu überzeugen wie die Schlussfolgerung, dass Steuern gerechtfertigt sind, weil sowohl der Staat selbst als auch seine Funktionen legitim sind.

Locke sieht Steuern darüber hinaus nur für legitim an, wenn sie nicht willkürlich sind, sondern dem Willen der Mehrheit der Steuerzahler entsprechen. Der Staat und somit auch die Steuer existieren, weil sie gewollt sind. Diese Theorie ist auch heute noch relevant, schließlich ist beispielsweise in Österreich die Legislative, die die Steuergesetze erlässt, demokratisch legitimiert. Auch *Klein* vertritt gegenwärtig den Ansatz, dass Steuergesetze gerechtfertigt sind, weil sie akzeptiert werden.[112]

3.2.13. Grenzen der Nutzentheorie

Die Nutzentheorie rechtfertigt Steuern durch die konkrete Gegenleistung, die für sie gebührt. Daraus folgt, dass, wenn für Steuern keine konkrete Gegenleistung gebührt, diese auch nicht gerechtfertigt sind. Die Vertreter der Nutzentheorie sehen die Gegenleistung vor allem in dem gerechten Schutz, den der Staat den Bürgern gewährt. *Smith* erkennt noch weitere staatliche Aufgaben an, die durch Steuern abzugelten sind. Nach ihm muss die Verwendung der Steuermittel einen gerechtfertigten Zweck verfolgen, damit die Besteuerung gerechtfertigt ist. *Bastiat* und *Perry* sehen die Grenzen der steuerlichen Rechtfertigung hingegen im Grundsatz der Arbeitsteilung. Werden Steuermittel eingesetzt, um Aufgaben zu erfüllen, die der Wirtschaft zukommen, so ist diese Steuermittelverwendung ebenso wie die Erhebung der Steuer zu diesen Zwecken nicht gerechtfertigt. Auch *Buchnans* Theorie, dass die Gesamtheit der staatlichen Leistungen der Gesamtheit der Steuern äquivalent sein muss, bildet Rahmenbedingungen für die Rechtfertigung der Steuer. Werden Steuermittel verschwendet oder zu Zwecken der Korruption verwendet, so ist die Äquivalenz zwischen Leistung und Gegenleistung gestört und daher sind Steuern, die für derartige Zwecke verwendet werden, auch nicht gerechtfertigt.

[112] Vgl. Klein (1998), Akzeptanz als Element einer steuerlichen Rechtfertigungslehre, S. 185.

3.3. Opfertheorie

Die Opfertheorie beruht auf der organischen Staatslehre der Romantik. Diese konzipiert den Staat als „die innige Verbindung der gesamten physischen und geistigen Bedürfnisse, des gesamten physischen und geistigen Reichtums, des gesamten inneren und äußeren Lebens einer Nation zu einem großen, energischen, unendlich bewegten und lebendigen Ganzen". Der Staat wird als eine höhere, gottgleiche Einheit empfunden und demgemäß wird auch die Besteuerung als die gerechte Pflicht, dem Staat Opfer zu erbringen, angesehen. Durch die Opfertheorie wurden somit theologische Vorstellungen des Pietismus säkularisiert und auf den Staat übertragen.[113]

Die Opfertheorie ist nicht nur eine steuerliche Rechtfertigungstheorie, sondern sie gibt auch Prinzipien zur Verteilung der Steuerlast vor, die derart gestaltet sein soll, dass jeder das gleiche Opfer erbringt. Dieses Opferprinzip wird gegenwärtig im Leistungsfähigkeitsprinzip zum Ausdruck gebracht. Für einen Reichen entspricht eine (absolut gemessene) höhere Steuer demselben Opfer wie für einen Armen eine niedrigere Steuer.

3.3.1. Karl Heinrich Rau

Karl Heinrich Rau wirft als einer der ersten der Nutzentheorie vor, dass sie „das Verhältnis des Bürgers und Unterthanen zum Staate, der jenem die äußeren Bedingungen einer ächtmenschlichen Existenz und Entwicklung bietet, [...] in eine Menge von einzelne Beziehungen" auflöst.[114] Er sieht den Grund für die Besteuerung vielmehr darin, dass „diejenigen, die in dem Staat leben, die Seegnungen der Staatsverbindung empfinden und die Vortheile mancher einzelnen Anstalten genießen, dafür auch an den Beschwerden und Aufopferungen Theil nehmen

[113] Vgl. Vogel (1986), Rechtfertigung der Steuern, S. 488.
[114] Rau (1837), Grundsätze der Finanzwissenschaft, Bd. 3, § 252, S. 346.

müssen."[115] Folglich sieht er die Steuer als gerechtfertigt an, wenn sie zur „Befriedigung der Staatsbedürfnisse"[116] notwendig sind.

3.3.2. Gustav von Schmoller

Auch *Schmoller* vertritt die organische Staatstheorie. Er sieht den Staat als eine „objektiv sittliche Macht, welche die Einzel-Existenz beherrschend überragt"[117]. Der Zweck der Steuer liegt zwar auch darin, dem Einzelnen zu nützen, dieser ist jedoch nicht „erschöpfend und massgebend"[118], denn er erklärt nicht das kleinste Opfer. Vielmehr hat „der Staat, der das Blut seiner Söhne für die Sache des Vaterlands fordert, doch gewiß das Recht, wenn er es noth thut, auch Opfer an Hab und Gut von seinen Bürgern zu verlangen." [119]

Diese Theorie begrenzt das Recht des Staates zur Besteuerung seiner „Söhne" in keiner Weise. Der Größenschluss, dass der Staat, wenn er das Recht hat, „das Blut seiner Söhne" zu fordern, er selbstverständlich auch das Recht hat, Steuern zu erheben, ist zwar logisch stringent. Es ist danach das Recht zur Steuererhebung jedoch nur gerechtfertigt, wenn auch das Recht, das „Blut der Söhne" zu fordern, legitim ist. Dieses Recht wird von *Schmoller* durch die organische Staatslehre begründet. Diese entspricht jedoch nicht dem gegenwärtigen Verständnis des Staats und auch das Recht des Staats, das Blut seiner Söhne als Opfer zu fordern, das zwar von vielen Staaten vorausgesetzt wird, hält den Maßstäben der Gerechtigkeit nicht stand. Ist das Recht, das Blut der Söhne zu fordern, nicht gerechtfertigt, so vermag auch ein darauf basierender Größenschluss nicht zu überzeugen.

---

[115] Ebd., Bd. 3, § 250, S. 343.
[116] Ebd., Bd. 3, § 250, S. 344.
[117] Schmoller (1863), Die Lehre vom Einkommen in ihrem Zusammenhang mit den Grundprinzipien der Steuerlehre, S. 46.
[118] Ebd., S. 47.
[119] Ebd., S. 47.

3.3.3. Albert Schäffle

Ähnlich wie für *Schmoller* ist der Staat auch für *Schäffle* ein Gebilde, das, als „Ganzes vor den Theilen", den Individuen ihre „rechtliche Bestimmung und Verpflichtung" [120] gibt. Die Steuern sind die Manifestation des Opfers, das die Steuerzahler dem Staat erbringen müssen. Folglich lehnt *Schäffle* auch eine Besteuerung gemessen an dem Nutzen für den Einzelnen explizit ab.[121]

3.3.4. Franz-Josef Neumann

Für *Neumann* wird das öffentliche Interesse eben dadurch charakterisiert, dass der Grundsatz, für jede Leistung eine bestimmte Gegenleistung zu bekommen, nicht anwendbar ist und daher Opfer zu erbringen sind. Dadurch, dass keine Gegenleistung für Steuern gebührt, lehnt er die Nutzentheorie ab.[122] Die Opfer sind nach *Neumann* dem Staat zu erbringen. Darin unterscheidet sich seine Theorie von den moderneren solidarischen Rechtfertigungslehren, die auf die Verpflichtung des Einzelnen gegenüber der Gemeinschaft abzielen.

3.3.5. Wilhelm Vocke

Auch *Vocke* lehnt das Nutzenprinzip ab und vertritt den Opfergedanken. Er weist darauf hin, dass Steuern einen obligatorischen Charakter haben und der Einzelne folglich nicht das Recht hat, für eingehobene Steuern vom Staat eine bestimmte Gegenleistung zu fordern. Für *Vocke* sind das Individuum und sein Eigentum ausschließlich Teil der Gemeinschaft, er erkennt nicht die Freiheit des Einzelnen an,

---

[120] Schäffle (1873), Das gesellschaftliche System der menschlichen Wirthschaft, S. 375.
[121] Vgl. Ebd., S. 399.
[122] Vgl. Neumann (1888), Die Steuer und das öffentliche Interesse, S. 207.

sondern ausschließlich die Pflicht der Allgemeinheit, dem Staat mit Opfern zu dienen.[123]

3.3.6. Adolph Wagner

Als Befürworter der organischen Staatslehre[124] lehnt *Wagner* das Nutzenprinzip als Ausdruck der „älteren mechanistisch-atomistischen Staatsauffassung“[125] ab. Bei der Rechtfertigung der Steuerpflicht differenziert *Wagner* zwischen der Begründung der Steuer an sich und der Frage nach der Verteilung der Steuerlast, wobei er für beide Fragestellungen die Nutzentheorie als Antwort ablehnt.[126] Vielmehr rechtfertigt er das Besteuerungsrecht durch die „absolute Notwendigkeit des Staats und des zwangsgemeinwirtschaftlichen Systems und [...] dem Recht beider auf Existenz und Entwicklung“[127]. Daher sind Steuern laut *Wagner* nicht nur gerechtfertigt, wenn sie dazu dienen, den Finanzbedarf des Staates zu decken, sondern auch wenn durch sie „socialpolitische“ Gründe, wie die Redistribution von Vermögen, verwirklicht werden.[128]

3.3.7. Grenzen der Opfertheorie

Der Opfertheorie sind keine Grenzen immanent. Besonders bei *Schmoller* wird deutlich, dass die Macht des Staats unbeschränkt ist. Folglich sind jede staatliche Handlung und jeder vom Staat verfolgte Zweck kraft seiner Macht gerechtfertigt. Auch für *Wagner* wiegt das Interesse, dass der Staat existiert, derartig schwer, dass kein anderes Interesse, wie beispielsweise die Gerechtigkeit, schwerer zu wiegen

---

[123] Vgl. Vocke (1887), Die Abgaben, Auflagen und die Steuer vom Standpunkte der Geschichte und der Sittlichkeit, S. 174.
[124] Vgl. Wagner (1890), Finanzwissenschaft, S. 30.
[125] Ebd., S. 218.
[126] Vgl. Vogel (1986), Rechtfertigung der Steuern, S. 490.
[127] Wagner (1890), Finanzwissenschaft, S. 216.
[128] Vgl. Ebd., S. 217 ff., S. 215.

vermag. Dem Besteuerungsrecht sind nach der organischen Staatslehre und der auf ihr basierenden Opfertheorie keine Grenzen gesetzt.

3.3.8. Geeignetheit der Opfertheorie als steuerliche Rechtfertigungslehre

Die organische Staatslehre sieht das Individuum ausschließlich als Teil der Gemeinschaft, die die Wertigkeit des Individuums weit überragt. Dadurch wird die Freiheit des Einzelnen nicht anerkannt. In diesem Punkt unterscheidet sie sich vom europäischen Staatsverständnis, das sowohl die Freiheit als auch die Gleichheit honoriert. Dies wird beispielsweise durch die Grundrechte der Europäischen Menschenrechtskonvention, die sich in Freiheits-, Gleichheits- und Verfahrensrechte kategorisieren lassen, zum Ausdruck gebracht.

Darüber hinaus postuliert die organische Staatslehre, dass dem Staat selbst Opfer zu erbringen sind. Auch moderne Konzeptionen der Gerechtigkeit verpflichten den Einzelnen vielfach, Opfer zu erbringen. Im Unterschied zur organischen Staatslehre sind die Opfer nach der heutigen Konzeption jedoch der Allgemeinheit und nicht dem Staat selbst zu erbringen. Es wird die Solidarität der Menschen untereinander, die der Staat verwirklichen soll, und nicht die Solidarität des Menschen zum vergöttlichten Staat in den Vordergrund gestellt. Die organische Staatslehre fasst somit den Staat selbst als Zweck und nicht bloß als Mittel zum Zweck auf. Heute hingegen wird der Staat nur als Mittel gesehen, diesen Zweck zu verwirklichen.

Auch darin, dass der Opfertheorie keine Grenzen des Besteuerungsrechts immanent sind und der Staat kraft seiner Macht willkürlich hohe Steuern erheben kann, ist sie nicht mehr zeitgemäß. Die Auffassung der organischen Staatslehre, dass die staatliche Macht unbegrenzt ist, ist in den heutigen Rechtsstaaten überholt. Daher bedarf das Besteuerungsrecht Grenzen, außerhalb derer die Besteuerung nicht mehr gerechtfertigt ist. In summa kann die Opfertheorie als steuerliche Rechtfertigungslehre heute somit nicht mehr überzeugen.

Von der Rechtfertigung des Besteuerungsrechts ist jedoch die Frage nach der gerechten strukturellen Besteuerung zu unterscheiden. Diese ist nicht Thema dieser Arbeit, es sei jedoch angemerkt, dass die Opfertheorie, die mit der Maxime „jedem das gleiche Opfer" für progressive Steuersätze plädiert, im gegenwärtig vielfach anerkannten Leistungsfähigkeitsprinzip zum Ausdruck gebracht wird und auch in Österreich durch die Progressionsstufen der Einkommensbesteuerung gesetzlich normiert ist.

3.4. Utilitaristische Rechtfertigungslehre

Die utilitaristischen Rechtfertigungslehren basieren auf den Gerechtigkeitskonzeptionen des Utilitarismus. So sehen die Vertreter jenen Staat als gerecht an, der das größtmögliche Glück der größten Anzahl fördert. Eben dieser Staat soll durch die eingehobenen Steuergelder finanziert werden. Auch zur Verteilung äußern sich die utilitaristischen Rechtfertigungslehren. Die Idee, dass ein jeder das gleiche Opfer zu erbringen hat, wie sie auch von den deutschen Romantikern vertreten wurde, stammt ursprünglich von *John Stuart Mill*.[129] Das Opferprinzip wird somit auch von Vertretern der utilitaristischen Rechtfertigungslehre anerkannt.

3.4.1. John Stuart Mill

Als Utilitarist geht *Mill* davon aus, dass ein jeder das größtmögliche Glück, im Sinne von Lust, sucht und ein jeder das Fehlen von Glück, im Sinne von Unlust, vermeidet. Dies wird verwirklicht, wenn jeder die Freiheit hat, nach seinen eigenen Impulsen und Idealen zu handeln mit der einzigen Einschränkung, dass er diese Freiheit auch bei allen anderen respektiert und daher die Freiheit der anderen nicht durch seine eigenen Handlungen einschränkt. Dies zu kontrollieren ist die Aufgabe des Staats,

[129] Vgl. Vogel (1986), Rechtfertigung der Steuern, S. 489.

darin liegt seine Nützlichkeit. Nimmt der Staat diese Aufgabe genügend wahr, so resultiert daraus das größtmögliche Glück für die größtmögliche Anzahl an Personen.[130] Für die Gewährleistung der eigenen Freiheit durch den Staat muss eine Gegenleistung der davon Profitierenden erbracht werden. Denn die Tatsache, dass man in einer Gesellschaft lebt, verpflichtet einen jeden, sich den anderen gegenüber in bestimmter Weise zu verhalten, was unter anderem bedeutet, dass jeder seinen Teil des gesamten staatlichen Finanzbedarfs zu leisten hat.[131] *Mill* erörtert auch das Prinzip, nach dem dieser Teil eines jeden bemessen werden sollte. Er stellt zuerst fest, dass der Bemessung ein teilbares Prinzip zugrunde liegen muss, und kommt zu der Konklusion, dass jedem das Seine zuteil wird, wenn jeder das gleiche Opfer erbringt. Es soll somit die Steuer für jeden die gleiche Unannehmlichkeit sein, für keinen darf die Steuer eine schwerere oder leichtere Last sein als für andere.[132] Dass für Reiche eine höhere Steuer das gleiche Opfer wie für Ärmere eine entsprechend niedrigere Steuer bedeuten kann, ergibt sich unter anderem daraus, dass der Wert einer Einheit des Geldes für Reiche geringer ist als für Ärmere (diminishing utility). Die Bezeichnung der Steuer als „sacrifice" übernimmt *Mill* von seinem Lehrer *Jean-Batiste Say*, der diese nur beiläufig gebrauchte. Der Opferbegriff wurde von den deutschen Romantikern übernommen und ihre Rechtfertigungslehre entsprechend als Opfertheorie benannt.[133]

3.4.2. Emil Sax

Auch *Sax* legt seinen Erörterungen zur Steuer den Utilitarismus zu Grunde und lehnt die organische Staatslehre ab.[134] Vielmehr geht *Sax* davon aus, dass jede Handlung des Einzelnen sowie jede Handlung der Gemeinschaft der Befriedigung von

---

[130] Vgl. Weston (1903), Principles of Justice in Taxation, S. 98.
[131] Vgl. Mill, On Liberty, S. 141.
[132] Vgl. Mill, Principles of political economy, Bk. V, Ch 1 § 2.
[133] Vgl. Vogel (1986), Rechtfertigung der Steuern, S. 489.
[134] Vgl. Ebd., S. 491.

Bedürfnissen dienen. Die Bedürfnisse des Menschen können entweder durch seine eigene Handlung oder durch eine Handlung der Gemeinschaft erfüllt werden. Bei letzterer unterscheidet *Sax* zwischen Handlungen freiwilliger Organisationen und Handlungen des Staats, auf die er näher eingeht. Es muss die Maxime allen staatlichen Handelns sein, die größtmögliche Befriedigung mit dem geringsten Aufwand zu erlangen. Der Staat hat somit die Funktion, all jene Bedürfnisse zu befriedigen, die der Einzelne entweder nicht befriedigen kann oder für die er einen größeren Aufwand hätte, als wenn der Staat diese befriedigt. Daraus folgt, dass die Aufgaben des Staats die größtmögliche Nützlichkeit und die kleinstmögliche Unnützlichkeit haben müssen, das heißt, dass sich die Aufgaben des Staats aus dem Gesetz des Grenznutzens ergeben.[135]

Auch für die Verteilung der Steuerlast sieht *Sax* das Grenznutzengesetz als Verteilungsmaxime an. Daraus folgt, dass ein jeder die gleiche Last tragen muss. Dies gleicht im Ergebnis *Mills* Opfergedanken, der besagt, dass ein jeder das gleiche Opfer erbringen muss. [136]

Die Theorie von Sax hat gegenüber vielen anderen Theorien den Vorteil, dass sie den Staat in einer Weise konzipiert, die zwischen der Staatsvertragslehre und der organischen Staatslehre liegt. Außerdem erkennt sie an, dass die kollektiven Bedürfnisse relativ sind und dass somit auch die Funktionen des Staates, die in der Befriedigung der kollektiven Bedürfnisse liegen, relativ sein müssen. [137]

3.4.3. Grenzen der utilitaristischen Rechtfertigungslehre

Sowohl die Rechtfertigungslehre von *Mill* als auch jene von *Sax* indiziert gewisse Grenzen, außerhalb derer die Besteuerung nicht mehr gerechtfertigt ist. Aufgrund ihrer utilitaristischen Staatsauffassung sehen sie die Steuer als gerechtfertigtes

[135] Vgl. Weston (1903), Principles of Justice in Taxation, S. 103 ff.
[136] Vgl. Ebd., S. 103 ff.
[137] Vgl. Ebd., S. 193.

Finanzierungsmittel für einen Staat, der das größtmögliche Glück der größten Anzahl bzw. die größtmögliche Befriedigung der Bedürfnisse der Steuerzahler durch seine Handlungen fördert. Somit ist die Steuer kein gerechtfertigtes Finanzierungsmittel für staatliche Handlungen, die nicht das größtmögliche Glück der größten Anzahl bzw. die größtmögliche Bedürfnisbefriedigung fördern.

3.4.4. Geeignetheit der utilitaristischen Rechtfertigungslehre

Problematisch an der utilitaristischen Staatsauffassung ist, ebenso wie am Utilitarismus selbst, dass nach dieser nur die Gruppengerechtigkeit verwirklicht wird. Dass einzelnen Mitgliedern dabei unter Umständen keine Gerechtigkeit widerfährt und die individuelle Freiheit nur wenig berücksichtigt wird, ist für den Utilitarismus nur nebensächlich. Somit sind die steuerlichen Rechtfertigungslehren von *Mill* und von *Sax* dann als Rechtfertigung geeignet, wenn der Utilitarismus als Maßstab der Gerechtigkeit angesehen wird.

3.5. Reproduktivitätslehre

Die Reproduktivitätslehre wurde von *Lorenz von Stein* im 19 Jahrhundert entwickelt und von *Klaus Vogel* in den 1980er Jahren wieder aufgegriffen. *Lorenz von Stein* geht von einem sich wandelnden Staatsbegriff aus, den *Vogel* an jenen des 20. Jahrhunderts anzupassen versuchte. Die Besteuerung rechtfertigen sie dadurch, dass der Staat die notwendigen Bedingungen des Wirtschaftens vorgibt und zur Entwicklung der Wirtschaft beiträgt und dass für diesen staatlichen Dienst eine Gegenleistung der davon Profitierenden zu erbringen ist.

3.5.1. Lorenz von Stein

Im Gegensatz zu allen anderen bisher erörterten Autoren geht *Lorenz von Stein* von einem sich mit der Zeit wandelnden Staatsbegriff aus. Somit gibt es für *Stein* auch keine allgemeine Rechtfertigungstheorie für die Steuer, die ebenso wie der Staat dem

Wandel der Zeit unterworfen ist. Er sieht jedoch die Notwendigkeit „für den tiefen Gegensatz, der in den Begriffen der Steuer und der individuellen Selbständigkeit liegt, die letzte Harmonie zu finden."[138] Dazu verwirft er die Opfertheorie und stellt eine neue Rechtfertigungslehre auf. Er geht davon aus, dass es zwei Bedingungen aller Entwicklungen gibt. Diese sind die individuelle Kraft und die „Gemeinschaft der Menschen in der Wechselwirkung aller einzelnen aufeinander".[139] Diese Gemeinschaft kann den Einzelnen jedoch nur dann die Bedingungen ihrer Entwicklung bieten, wenn diese „einen Theil der durch sie gewonnenen wirtschaftlichen Entwicklung zurückgeben."[140] Er nennt dieses Verhältnis zwar eines der Gegenseitigkeit, versteht darunter jedoch nicht eines von Leistung und Gegenleistung im Sinne der Nutzentheorie.[141]

Stein erkennt an, dass seiner Rechtfertigung Grenzen immanent sind. Er bezeichnet diese als das „wirthschaftliche", das „finanzielle" und das „staatswirthschaftliche Princip". Ersteres sieht er in dem Verbot der Besteuerung von Kapital, da ansonsten die Neubildung von Kapital vernichtet würde. Das finanzielle Prinzip präzisiert er durch das Gebot, die Summe der Steuergelder durch den Finanzbedarf zu begrenzen und Steuermittel sparsam zu verwenden. Das staatswirtschaftliche Prinzip wird in dem Verbot zum Ausdruck gebracht, dass der wirtschaftliche Wert der Steuergelder den Wert der Gegenleistung übersteigt.[142] *Von Stein* weist wiederholt darauf hin, dass, wenn die Kosten der Verwaltung deren Wert übersteigen, die Produktion ihren Wert verliert und folglich untergehen muss.[143] Werden diese Prinzipien nicht beachtet, so führt dies dazu, dass der Staat seine Existenzfähigkeit verliert. Skeptisch steht er vor allem dem von *Adolph Wagner* angepriesenen Staatssozialismus

---

[138] Lorenz von Stein (1875), Lehrbuch der Finanzwissenschaft, S. 24.
[139] Ebd., S. 348.
[140] Ebd., S. 348.
[141] Vgl. Vogel (1986), Rechtfertigung der Steuern, S. 503.
[142] Vgl. Lorenz von Stein (1875), Lehrbuch der Finanzwissenschaft, S. 354 ff.
[143] Vgl. Ebd., S. 26.

gegenüber.[144] Die Gefahr bildet die diesem Prinzip immanente Maßlosigkeit, denn es liegt im „Wesen aller socialen Bewegung, daß ihre Forderungen an sich unbegrenzt sind."[145]

3.5.2. Klaus Vogel

Vogel knüpft als Befürworter der Theorie *Steins* an dessen Rechtfertigungslehre an und beginnt seine Überlegungen damit, wie sich der Staat, der einem historischen Wandel unterworfen ist, seit *Stein* geändert hat. Dabei kommt er zu der Konklusion, dass im heutigen Staat nicht mehr nur die Beziehung zwischen Staat und Gesellschaft zu beachten ist, sondern dass nunmehr ein Dreiecksverhältnis zwischen Staat, Wirtschaft und Gesellschaft besteht. Der Einzelne nimmt in diesem Dreiecksverhältnis sowohl die Rolle des Bürgers als auch die Rolle des Produzenten ein. Diese Konzeption des Staats hat wichtige Konsequenzen für die steuerliche Rechtfertigungslehre, denn wo früher lediglich das Verhältnis zwischen Staat und Gesellschaft als Basis der steuerlichen Rechtfertigung zu legitimieren war, bedarf nun das oben beschriebene Dreiecksverhältnis einer Rechtfertigung.[146]

Um dieses Dreiecksverhältnis zu rechtfertigen, erörtert *Vogel* zuerst die Unterschiede zwischen Staat und Wirtschaft. Er zeigt, dass die Machtträger des Staats anders legitimiert sind als die der Wirtschaft. Erstere kommen gemäß den geltenden politischen Prinzipien an die Macht, in Österreich sind sie somit demokratisch legitimiert, für letztere ist dies nicht der Fall. In der Wirtschaft gilt die Maxime der Gewinnerzielung, meist sogar die der Gewinnmaximierung, für politisches Handeln entspricht dieses Ideal jedoch nicht der moralischen Auffassung der Gesellschaft. Die Gewinnmaximierung der Unternehmen kann zwar mit der Moralität kompatibel sein, allzu häufig divergieren die Standards jedoch beträchtlich. Anders als in der Politik

---

144 Vgl. Vogel (1986), Rechtfertigung der Steuern, S. 501.
145 Lorenz von Stein (1875), Lehrbuch der Finanzwissenschaft, S. 155.
146 Vgl. Vogel (1986), Rechtfertigung der Steuern, S. 505 ff.

gibt es in der Wirtschaft einen Mechanismus, der richtiges Handeln durch Gewinn belohnt und falsches Handeln durch Verlust bestraft. Erfolge werden durch Geld messbar. Daraus ergibt sich die Problematik, dass in der Wirtschaft Ziele, die nicht in Geld ausdrückbar sind, auch nicht berücksichtigt werden. Daher können öffentliche Interessen durch die Wirtschaft nicht wahrgenommen werden. Es muss somit Aufgabe des Staates sein, steuernd in die Wirtschaft einzugreifen und Vorsorge gegen Not zu treffen. Durch die Machtzunahme der Wirtschaft steigt daher auch der Bedarf, die von der Wirtschaft verursachte unbillige Vermögensverteilung auszugleichen, und es bedarf eines Sozialstaats.[147]

Vogel legt die Einwände gegen das dreipolige Verhältnis zwischen Staat, Wirtschaft und Gesellschaft dar. Es ist nämlich nicht adäquat, ein gesellschaftliches System auf Eigennutz aufzubauen. Außerdem führt die private Wirtschaft für *Vogel* in ungerechter Weise zu ungleicher Vermögensverteilung. Hinzu kommt, dass in der Wirtschaft Entscheidungen nicht demokratisch legitimiert sind. Dagegen wendet *Vogel* jedoch ein, dass der Eigennutz im privatwirtschaftlichen System paradoxerweise den fremden Nutzen besser fördert als nicht eigennütziges Handeln. Er verdeutlicht dies durch den Vergleich eines privatwirtschaftlichen Systems mit einem planwirtschaftlichen System. Gegen die von der Wirtschaft verursachten Ungleichheit bringt er vor, dass diese einerseits durch Redistributionsbemühungen ausgeglichen werden kann und dass diese andererseits durch die größere Freiheitlichkeit aufgewogen wird. Bezüglich der mangelnden Demokratie geht *Vogel* auf den Telos der Demokratie überhaupt ein. Diese bezweckt nämlich, dass „jedes Bedürfnis und jedes ideelle Ziel erstens vorgebracht werden kann und zweitens [...] die Chance hat, sich argumentativ durchzusetzen."[148] Der Markt erreicht jedoch dasselbe, denn es gibt keinen besseren Weg, wirtschaftliche Bedürfnisse geltend zu machen und zu befriedigen, als über diesen. Daher sieht *Vogel* das Dreiecksverhältnis

---

[147] Vgl. Vogel (1986), Rechtfertigung der Steuern, S. 509 ff.
[148] Ebd., S. 515.

zwischen Staat, Wirtschaft und Gesellschaft als leistungsfähigstes und ethisch gerechtfertigtes System. Dies gilt jedoch ausschließlich unter der Bedingung, dass die Aufgaben des Staats und der Wirtschaft, ähnlich der staatlichen Gewaltenteilung, streng voneinander getrennt werden.[149]

Steuern bezwecken laut *Vogel* die Übertragung des „Geldwerts aus der Verfügungsgewalt von Wirtschaftssubjekten in die Verfügungsgewalt des Staats"[150]. Sie greifen somit in die persönlichen Rechte natürlicher Personen ein und bedürfen der Rechtfertigung. Die Besteuerung von Unternehmen ist laut *Vogel* deshalb zu legitimieren, weil sie in die Aufgabenteilung von Staat und Wirtschaft eingreift. Diese Position ist vergleichbar mit jener von *Bastiat* und *Perry*, die ihre Rechtfertigungslehre ebenso auf dem Grundsatz der Arbeitsteilung aufbauen. Die Besteuerung ist laut *Vogel* deshalb legitim, weil Steuern ein „unverzichtbares Element" des oben beschriebenen Dreiecksverhältnisses zwischen Staat, Wirtschaft und Gesellschaft sind und weil auch dieses Dreiecksverhältnis selbst gerechtfertigt ist. Da der Staat die Aufgabe der Produktion der Wirtschaft überlässt, ist er auf Steuern angewiesen. Die Wirtschaft muss daher einen Teil dessen, was der Staat zur Produktion beigetragen hat, durch Steuern an ihn zurückgeben. Darüber hinaus sieht *Vogel* einen weiteren Rechtfertigungsgrund als notwendig an. Da es nämlich Teil der Aufgaben des Staats ist, Allgemeininteressen zu verwirklichen und unbillige wirtschaftliche Ergebnisse zu korrigieren, sieht er die Erhebung von Steuern zu diesen sozialen Zwecken als gerechtfertigt an.

Er betont jedoch, dass wie jeder Rechtfertigung auch dieser Grenzen immanent sind. Diese beginnen dort, „wo der Sozialstaat die Bedürftigkeit, die er lindert selber schafft, wo Aufgaben vom Staat wahrgenommen werden, die eine private Wirtschaft billiger, vielleicht sogar gerechter wahrnehmen würde"[151]. *Vogel* ist klar, dass sich dies

---

[149] Vgl. Ebd., S. 514.
[150] Ebd., S. 516.
[151] Ebd., S. 518.

nicht exakt nachweisen lässt. Daher ist zu vermuten, dass die Grenze nicht überschritten ist, erst wenn der Anteil der Steuer 50 Prozent der produzierten Werte übersteigt, kehrt sich die Beweislast um und es ist anzunehmen, dass die Grenzen der Rechtfertigung überschritten wurden.[152]

3.5.3. Grenze der Theorie des Steuerstaats

Lorenz von Stein gibt die Grenzen seiner Rechtfertigungslehre explizit an. Er sieht diese einerseits im Verbot, Kapital zu besteuern, andererseits in den Geboten, dass die Summe der Steuergelder den Wert der Gegenleistung nicht übersteigt und dass nicht mehr Steuern eingehoben werden, als der Staat benötigt. Auch die Verwendung der Steuergelder zu jeglichen sozialen Zwecken sieht *Stein* als unzulässig an. *Vogel* hingegen erachtet die Verwendung der Steuergelder zu sozialen Zwecken solange als gerechtfertigt, solange der Staat die Bedürftigkeit, die er lindert, nicht selbst schafft. Er vermutet dabei, dass die Besteuerung der produzierten Werte einen prozentualen Steuersatz von 50 Prozent nicht übersteigen darf.

3.5.4. Geeignetheit der Theorie des Steuerstaats

Der Aspekt von *Vogels* Rechtfertigungslehre, dass die Aufgaben zwischen Staat und Wirtschaft geteilt sind und auch geteilt werden sollen, vermag durchaus zu überzeugen. Da die private Wirtschaft die gesamte Produktion zu übernehmen hat, ist es zwingend, dass diese einen Teil ihres Gewinns an den Staat abtreten muss, damit die Aufgabenteilung in dieser Form weiterbestehen kann. *Vogel* sieht jeden Einzelnen als Produzent der wirtschaftlichen Werte und daher ist auch die Besteuerung eines jeden Einzelnen gerechtfertigt. Unklar bleibt, ob das Einkommen der Beamten, die die Aufgaben des Staats wahrnehmen und somit nicht Produzenten der Privatwirtschaft sind, nach dieser Theorie auch besteuert werden darf und wenn

[152] Vgl. Ebd., S. 515 ff.

diese Frage negiert wird, ob dies gleichheitswidrig im Vergleich zu nicht als Beamten Tätigen ist.

Auch die Grenze, nach der maximal 50 Prozent der produzierten Werte als Steuer eingehoben werden dürfen, vermag zu überzeugen. Auch das deutsche Bundesverfassungsgericht hat in seiner Judikatur eine Obergrenze der Steuerhöhe von 50 Prozent des Einkommens des Einzelnen befürwortet. Die Umsetzung dieses Halbteilungsgrundsatzes ist jedoch gescheitert.[153] Sinnvoll erscheint es, beide Grenzen zu kombinieren. So bestimmt die maximale Abgabenhöhe der produzierten Werte das gerechte Wertverhältnis zwischen Staat und Wirtschaft. Die Obergrenze der Steuerhöhe gemessen am Einkommen hingegen wahrt die individuelle Freiheit und sorgt dafür, dass das Privateigentum nicht ausgehöhlt wird.

3.6. Solidarische Motive als Rechtfertigungsgründe

Gegenwärtig werden soziale Bestrebungen vielfach als gerecht angesehen. Besonders im 20. und 21. Jh. wurde die Kluft zwischen Armen und Reichen immer größer.[154] Die Vermögensverhältnisse werden nicht selten durch zufällige Faktoren beeinflusst, die es ungerecht erscheinen lassen, dass aufgrund dieser Zufälligkeiten manche gravierend ärmer sind als andere. Die Theorie von *Vogel* hat gezeigt, dass es nicht die Aufgabe der Wirtschaft, sondern die Pflicht des Staats ist, diese sozialen Ungleichheiten auszugleichen. Die solidarischen Rechtfertigungslehren schließen sich dieser These an und sehen die Steuern als legitimes Mittel zur Redistribution des Vermögens, um die Position der schlechter gestellten Menschen zu stärken. *I. W. Martin* drückt dies wie folgt aus:

> „There are good reasons why many scholars have recognized the importance of taxation. Taxes formalize our obligations to each other.

[153] Vgl. Tipke (2000), Besteuerungsmoral und Steuermoral S. 29.
[154] Vgl. OECD Eurostat, Wie sich die Einkommensverteilung in den Industrieländern entwickelt, in: Der Standard, 15.02.2018.

> They define the inequalities we accept and those that we collectively seek to redress. They signify who is a member of our political community, how wide we draw the circle of ´we`. They set the boundaries of what our governments can do. In the modern world, taxation is the social contract."[155]

3.6.1. Sozialismus

Proudhon qualifiziert Eigentum als Diebstahl. Daher muss nach der Devise „Expropriation der Expropriateure" dieser Diebstahl durch dosierten Gegendiebstahl ausgeglichen werden, damit gerechte Verhältnisse herrschen. Dieser Gegendiebstahl manifestiert sich in Form von Steuern, die der Umverteilung des bürgerlichen Reichtums dienen. Schließlich wird nach dieser Auffassung der Reichtum kollektiv erzeugt und es ist daher die private Aneignung dieses kollektiv geschaffenen Reichtums als Ungerechtigkeit zu qualifizieren.[156]

3.6.2. Oswald von Nell-Breuning

Als Theologe hat *sich Oswald von Nell-Breuning* mit der Frage beschäftigt, wie eine gerechte soziale Ordnung zu gestalten ist. Zentraler Ansatzpunkt ist für *Nell-Breuning* die Verfügungsgewalt über das Eigentum. Dabei versucht er einen Kompromiss zu finden zwischen der liberalen Position, die die Individualfunktion des Eigentums honoriert, und der sozialistischen Position, für die dessen Sozialfunktion fundamental ist. Die Verfügungsgewalt über Eigentum sieht *Nell-Breuning* als gesellschaftliche Macht, die in einer gerechten sozialen Ordnung ins Gleichgewicht gebracht werden muss. Das ergibt sich aus den Prinzipien der Solidarität, der Personalität und der Subsidiarität. Die Solidarität folgt daraus, dass der Mensch ein soziales Wesen ist und eine gesellschaftliche Verantwortung zu tragen hat. Komplementär zur Solidarität ist

---

[155] Martin/ Mehrotra/ Prasad (2009), The Thunder of History, S. 1.
[156] Vgl. Sloterdijk (2010), Die nehmende Hand und die gebende Seite, S. 21 f.

das Prinzip der Personalität Ausdruck der individuellen Freiheit und menschlichen Würde. Ergänzt werden diese beiden Prinzipien durch jenes der Subsidiarität, das primär Selbstverantwortung und Selbsthilfe kleinerer gesellschaftlicher Gruppen postuliert. Erst wenn diese versagen, darf der Staat helfen. Die Verfügungsmacht über das Eigentum muss somit geteilt werden, damit einerseits die Solidarität durch sozialverträgliche Verwendung des Eigentums verwirklicht werden kann, andererseits die individuelle Freiheit durch die Existenz von Privateigentum erhalten bleibt.[157]

Steuern sind für *Nell-Breunig* somit gerechtfertigt, wenn sie der Verwirklichung der Solidarität dienen. Dies gilt jedoch nicht grenzenlos, sondern nur unter der Bedingung, dass die Personalität in demselben Maß berücksichtigt wird. Diese Überlegungen indizieren, dass es eine Obergrenze der Steuerlast, beispielsweise einen Höchststeuersatz geben muss, damit Steuern gerechtfertigt sind.

3.6.3. John Rawls

John Rawls sieht die Steuer ausschließlich als Mittel zur Redistribution.[158] Er sieht die Rechtfertigung in ihrem Zweck, der in der Verwirklichung der distributiven Gerechtigkeit liegt. Die Erwägungen zur distributiven Gerechtigkeit führt er in seiner Theorie der Gerechtigkeit näher aus. Seine Erörterungen basieren auf einem fiktiven Gesellschaftsvertrag. Dabei geht *Rawls* von einem Urzustand aus, in dem alle Menschen frei und gleich sind. In diesem Zustand gibt es niemanden, der weiß, ob er später arm oder reich, Mann oder Frau, gesund oder krank sein wird, alle stehen vor einem „Schleier des Nichtwissens“. [159] Dieser Zustand bildet die Grundlage für die Verhandlungen eines Gesellschaftsvertrags und auf eben dieser Grundlage will *Rawls* herausfinden, welchen Inhalt dieser Vertrag hätte. Dies untersucht er unter der Prämisse, dass „jede menschliche Gemeinschaft und alle Mitglieder dieser

---

[157] Vgl. Rommerskirchen (2015), Das Gute und das Gerechte, S. 176 ff.
[158] Vgl. Vogel (1986), Rechtfertigung der Steuern, S. 481.
[159] Rawls (1971), Eine Theorie der Gerechtigkeit, S. 29.

Gemeinschaft Gerechtigkeit verwirklichen wollen"[160], da erst dadurch Freiheit, Gleichheit und andere Rechte umgesetzt werden können. Durch diesen Schleier des Nichtwissens können laut *Rawls* keine utilitaristischen Überlegungen in den Vertragsinhalt mitaufgenommen werden, weil für alle das Risiko besteht, Teil einer unterdrückten Minderheit zu sein. Es müssen sich vor dem Schleier des Nichtwissens alle Verhandelnden in die Lage des am schlechtesten gestellten Menschen versetzen, um faire Prinzipien zu finden. Diese sieht *Rawls* in der Freiheit und der Chancengleichheit. Das Prinzip der Chancengleichheit soll die Ungleichheit der Menschen und die Ungleichheit der Verteilung von Gütern an die zwei folgenden Bedingungen knüpfen: Erstens darf der Zugang zu gesellschaftlichen Positionen nicht begrenzt werden, sondern muss fair und frei sein, zweitens müssen die schlecht gestellten Mitglieder der Gesellschaft durch das Differenzprinzip bei Umverteilungen berücksichtigt werden und diese Umverteilung muss deren Position verbessern. Das Differenzprinzip bzw. die Maximin-Regel soll den minimal Beteiligten die maximale Unterstützung gewähren. Dies bedeutet für *Rawls* jedoch nicht eine Gleichverteilung von Vermögen.[161]

Die Besteuerung entspricht dann dem Differenzprinzip, wenn die Armen mindestens in dem Ausmaß davon profitieren wie die Reichen. Dies manifestiert sich beispielsweise in der staatlichen Unterstützung von Bildungseinrichtungen oder Krankenversicherungen, nicht jedoch in der Subventionierung von Luxusautos.[162]

3.6.4. Grenzen der solidarischen Rechtfertigungslehren

Die solidarischen Rechtfertigungslehren sehen die Erhebung von Steuern dann als legitim an, wenn sie dazu verwendet werden, die Vermögensverhältnisse der Bürger untereinander auszugleichen. Primäres Ziel ist es, die Position der schlechter

---

[160] Rommerskirchen (2015), Das Gute und das Gerechte, S. 126.
[161] Vgl. Ebd., S. 125 ff.
[162] Vgl. Ebd., S. 134.

gestellten Menschen zu verbessern. Steuern sind daher in dem Ausmaß gerechtfertigt, in dem sie dazu dienen, diese Umverteilung und Besserstellung der sozial Benachteiligten zu erreichen.

3.6.5. Geeignetheit der solidarischen Rechtfertigungslehren

Den solidarischen Rechtfertigungslehren geht es vor allem darum, die Position der Ärmeren zu stärken und die Divergenz der Vermögensverhältnisse zu reduzieren. Sie verlangen dabei nicht, dass als Ergebnis der Besteuerung die Vermögensverhältnisse eines jeden gleich sind. Dieser Aspekt erscheint gerecht zu sein und ist bei der Verwendung der Steuergelder durchaus zu berücksichtigen. Damit der Staat funktioniert und als solcher bestehen kann, sind ihm jedoch auch Aufgaben zugeteilt, die nicht der Umverteilung dienen. Als Beispiel sei die Aufrechterhaltung des Rechtssystems genannt. Die solidarischen Rechtfertigungslehren legitimieren jedoch nur die Steuern, die der Redistribution dienen, daher sind sie unvollständig und ergänzungsbedürftig.

3.7. Rechtliche Rechtfertigung der Steuer

Die moderne Forschung beschäftigt sich weniger mit den ethischen und staatstheoretischen Aspekten der steuerlichen Rechtfertigung als mit der gesetzlichen Rechtfertigung, denn Steuern sind Eingriffsnormen, die die Grundrechte, wie den Gleichheitssatz, die Eigentumsfreiheit und die Berufsfreiheit, tangieren können.

Vordergründig geht es bei der rechtlichen Rechtfertigung nicht um das Recht der Besteuerung per se, sondern um die gerechte Ausgestaltung des Steuersystems, das heißt um die Frage, wie die Steuerlast auf die Zahlungspflichtigen verteilt werden soll, welche Güter überhaupt besteuert werden dürfen und ob dies der Verfassung und den Grundrechten entspricht. Daher soll die rechtliche Rechtfertigung der Steuer nur kurz erwähnt werden.

3.7.1. Paul Kirchhof

Der ehemalige deutsche Bundesverfassungsrichter *Paul Kirchhof* rechtfertigt die Besteuerung durch die Eigentumsgarantie des Art. 14 II des deutschen Grundgesetzes. Dieser besagt, dass „Eigentum verpflichtet. Sein Gebrauch soll zugleich dem Wohle der Allgemeinheit dienen." *Kirchhof* interpretiert diese Vorschrift so, dass mit dem Recht auf Eigentum auch das Recht des Staates auf dessen Besteuerung verbunden ist.[163]

Die inhaltliche Grenze des aus Art. 14 GG abgeleiteten Besteuerungsrechts bildet nach *Kirchhof* der Besteuerungszweck. Er erkennt einzig die Finanzierungsfunktion als legitimen Inhalt des Eigentums an.[164] Die Umverteilungs- und Lenkungsfunktion bilden hingegen eine Grenze der Rechtsstellung des Eigentümers, bestimmen aber nicht den generellen Inhalt des Eigentums und der Besteuerung.[165] Es sollte nach *Kirchhof* auch die Intensität der Besteuerung einer Grenze unterliegen, denn die Besteuerung darf nicht „zur Verdrängung des Privateigentums" führen, das heißt, dass die Steuernormen die „nach Art 14 GG vom Privateigentum geprägte Wirtschafts- und Gesellschaftsordnung erhalten und bestätigen"[166] müssen. Die Verteilung der Steuerlast sieht er dann als gleichmäßig an, wenn die Bürger im Verhältnis ihrer Vermögen, das heißt nach dem Leistungsfähigkeitsprinzip, besteuert werden.[167] Er hält die derzeitige Progression jedoch für „überproportional" und nicht

---

[163] Vgl. Tipke (2000), Besteuerungsmoral und Steuermoral, S. 32, Kirchhof (1973), Besteuerungsgewalt und Grundgesetz, S.24 f.
[164] Vgl. Kirchhof (1973), Besteuerungsgewalt und Grundgesetz, S. 26 f.
[165] Vgl. Ebd. S. 27.
[166] Ebd., S. 31.
[167] Vgl. Kirchhof (1973), Besteuerungsgewalt und Grundgesetz, S. 28.

vom Umverteilungszweck gerechtfertigt.[168] Vielmehr plädiert er für einen Spitzensteuersatz von 25 Prozent, um die Freiheit des Steuerzahlers zu erhalten.[169]

3.7.2. Tradition als Rechtfertigungsgrund

Auch das deutsche Bundesverfassungsgericht hat sich mit der Frage der steuerlichen Rechtfertigung befasst. Es geht in den Entscheidungen jedoch nicht darum, ob die Besteuerung an sich gerechtfertigt ist, sondern um die Rechtfertigung einzelner Steuern, wie beispielsweise der Vermögensteuer, der Gewerbesteuer oder der Kaffeesteuer. Diese sieht das deutsche Bundesverfassungsgericht dann als gerechtfertigt, wenn sie in den Art. 105, 106 des Grundgesetzes explizit genannt sind, das heißt, dass alle tradierten Steuern unabhängig davon, ob sie gerecht sind, in Deutschland aus rechtlicher Perspektive auch gerechtfertigt sind.[170]

Es ist nicht das Ziel dieser Entscheidungen, die Besteuerung per se zu rechtfertigen, und es wäre auch nicht möglich, eine Rechtfertigung auf Tradition zu stützen. Tradition gewährleistet nicht die Gerechtigkeit. Dazu kommt, dass es keine Belege dafür gibt, dass die Verfassungsväter die Steuern auf Gerechtigkeit geprüft hätten.[171] Darüber hinaus kann eine Verfassung die Steuern zwar rechtlich legitimieren, nicht jedoch ethisch. Es ist vielfach anerkannt, dass Gerechtigkeit einen übergesetzlichen Maßstab darstellt, an dem das jeweilige Recht zu messen ist. [172] Daher steht die Gerechtigkeit über der Verfassung und es kann nur die Gerechtigkeit und nicht die Verfassung Steuern dem Grunde nach rechtfertigen.

---

[168] Vgl. Kirchhof (2019), Reform des Einkommensteuerrechts, S. 3.
[169] Vgl. Kirchhof (2019), Reformentwurf zur Erneuerung des Steuerrechts, S. 1.
[170] Vgl. Tipke (2000), Besteuerungsmoral und Steuermoral, S. 29, BVerf (1. Senat, 3. Kammer) BStBl 1999 II, 152, 155f; BVerf (1. Senat, 3. Kammer) BStBL 1999 II, 509, 511 ff.
[171] Vgl. Tipke (2000), Besteuerungsmoral und Steuermoral, S. 29.
[172] Vgl. Tammelo (1977), Theorie der Gerechtigkeit, S. 11.

3.7.3. Geeignetheit und Grenzen der rechtlichen Rechtfertigungslehren

In der Rechtssprache bedeutet der Begriff der Rechtfertigung neben der Legitimierung verwirklichter strafrechtlicher Tatbestände auch die Legitimierung von Eingriffen in Grundrechte. Es geht nicht darum, etwas als gerecht darzustellen, um dem Vorwurf der Ungerechtigkeit entgegenzuwirken. Sind im Gesetz entsprechende Grundrechtsvorbehalte normiert, so ist der Eingriff in diese durch die Besteuerung entsprechend der einfachen Steuergesetze rechtlich gerechtfertigt. Die Grundrechte inklusive ihrer entsprechenden Vorbehalte bilden somit auch die Grenze der steuerlichen Rechtfertigung. Greift die Besteuerung in ein Grundrecht ein, ohne dass ein entsprechender Gesetzesvorbehalt besteht, so ist dies ungerechtfertigt und nicht legitim. Ein ethischer Gehalt des Gesetzes kann ihm insofern unterstellt werden, als es einerseits demokratisch legitimiert ist und somit auf dem Willen des Volkes beruht. Es entscheidet somit das Volk durch seine Vertreter in einem prozedural gerechten Verfahren, was es materiell als gerecht empfindet. Andererseits entsprechen die Grundrechte den naturrechtlichen Grundauffassungen der Gerechtigkeit.

3.8. Theorien gegen die Besteuerung

Die Theorien gegen die Besteuerung würdigen vor allem die Freiheit des Einzelnen und lehnen teils die Existenz des Staats, teils das Intervenieren des Staats in sozialen und wirtschaftlichen Belangen ab. Daher erachten sie auch die obligatorische Besteuerung entweder überhaupt nicht oder nur in minimalem Ausmaß als gerechtfertigt.

3.8.1. Anarchismus

Den bisher genannten steuerlichen Rechtfertigungslehren liegen staatstheoretische Überlegungen zugrunde. Steuern, die dazu dienen, die Aufgaben des Staats zu finanzieren, sind nur dann gerechtfertigt, wenn auch der Staat selbst gerechtfertigt ist. Die Anarchisten sehen den Staat jedoch als korrupt, ausbeutend und als Mittel zum Zwang an. Auch ein demokratischer Staat bildet keine Ausnahme, da die Minderheit dem Willen der Mehrheit unterworfen ist. Darüber hinaus betrachten sie den Staat als überflüssig. Im Gegensatz zu der Staatsvertragslehre von *Hobbes* gehen sie nicht von einem Naturzustand des Kriegs aller gegen alle aus, sondern davon, dass Abmachungen unter Menschen grundsätzlich eingehalten werden. Daher sollen auch alle Organisationen der Menschen auf Freiwilligkeit basieren.[173] Die Früchte ihrer Arbeit sollen die Menschen selbst ernten. Im Gegensatz zu den Sozialisten lehnen die Anarchisten Redistributionsbemühungen strikt ab. Ihr Ideal ist die Freiheit. Eingriffe in das Eigentum durch Besteuerung sind nach der Meinung der Anarchisten daher nicht gerechtfertigt.[174]

Ein Anarchist sieht es als gerecht an, wenn jedem das Seine, im Sinne von „jedem nach seinen Werken" und „jedem nach seinen Verdiensten", zuteil wird. Pflichten gegenüber anderen, die Umverteilung von Vermögen oder das Prinzip „jedem nach seinen Bedürfnissen" werden nicht als gerecht anerkannt. Es soll vielmehr einem jeden die gleiche Freiheit gebühren, ohne dass der Staat in irgendeiner Weise in diese interveniert. Diese Konzeption der Gerechtigkeit entspricht nicht der heute anerkannten, die Grundsätze wie „das Elend soll vermieden oder beseitigt werden" oder „von niemandem soll das gefordert werden, was ihm unzumutbar ist"[175] beinhaltet. Es liegt dem Anarchismus aber dennoch die Idee der Gerechtigkeit zu Grunde. Da diese jedoch nicht mit der heutigen Idee der Gerechtigkeit übereinstimmt, ist auch der Anarchismus als Grund gegen die Besteuerung nicht geeignet.

[173] Vgl. Weston (1903), Principles of Justice in Taxation, S. 106.
[174] Vgl. Groves (1974), Tax Philosophers, S. 7.
[175] Tammelo (1977), Theorie der Gerechtigkeit, S. 12.

3.8.2. Robert Nozick

Der Ausgangspunkt für *Nozicks* libertarianische Philosophie ist das unverletzliche Grundrecht eines jeden Menschen auf Freiheit, das sich im Prinzip des Selbsteigentums (self-ownership) manifestiert. Der Staat hat ausschließlich die Aufgabe, diese Freiheit zu sichern, darüber hinaus ist der Staat nicht gerechtfertigt. Der Staat darf zu diesem Zweck die Durchsetzung von Verträgen, den Schutz des Eigentums und des Friedens sicherstellen und unvermeidbare, minimale Einschränkungen der Freiheit vornehmen. Alle anderen Aufgaben des Staats lehnt *Nozick* ab. Auch die Umverteilung von Eigentum sieht er nicht als gerechtfertigt, sondern betrachtet diese sogar als Diebstahl.[176] Die Verteilung der Güter sieht Nozick als gerecht an, wenn sie gerecht erworben und gerecht übertragen werden. Er stellt dazu die folgenden drei Prämissen auf:[177]

1. Wer ein Besitztum im Einklang mit dem Grundsatz der gerechten Aneignung erwirbt, hat Anspruch auf dieses Besitztum.

2. Wer ein Besitztum im Einklang mit dem Grundsatz der gerechten Übertragung von jemandem erwirbt, der hat Anspruch auf das Besitztum.

3. Ansprüche auf Besitztümer entstehen lediglich aus der Anwendung der Regeln 1 und 2.

Daraus folgt, dass die Verteilung der Besitztümer gerecht ist, wenn der Besitz eines jeden einzelnen Besitztums gerecht ist.[178] Für eine Umverteilung von Vermögen bietet diese Konzeption der Verteilungsgerechtigkeit keinen Platz. Lediglich wenn die

[176] Vgl. Rommerskirchen (2015), Das Gute und das Gerechte, S. 156.
[177] Nozick (2011), Anarchie, Staat, Utopia, S. 219.
[178] Vgl. Ebd., S.219.

Übertragung eines Besitztums nicht auf Freiwilligkeit beruht, hat der Staat das Recht einzugreifen.[179]

Dementsprechend lehnt *Nozick* die Besteuerung ab. Er bezeichnet diese sogar als Zwangsarbeit. [180] Steuern greifen laut *Nozick* in unzulässiger Weise in das Eigentum der Bürger ein und der Staat macht damit Eigentumsrechte geltend, über die er nicht verfügt.[181]

3.8.3. Peter Sloterdijk

Auch *Sloterdijk* ist ein Gegner der Steuer im heutigen Sinn. Er sieht die Zwangsabgaben als nicht gerechtfertigt und destruktiv[182]. Dass die Steuergesetze demokratisch legitimiert sind, genügt *Sloterdijk* nicht als Rechtfertigung, weil im Bereich der Steuergesetze in Wahrheit keine Demokratie herrscht, sondern diese „spätabsolutistische Routinen und hoheitliche Diktate"[183] sind. Er steigert diese Überlegung dahingehend, ob es überhaupt einen Unterschied zwischen sklavenhaltenden und bürgerhaltenden Staaten gibt.[184] Diese Ansicht erinnert an die von *Nozick* vertretene Auffassung, dass Steuern als eine Form von Zwangsarbeit zu qualifizieren sind. Auch den Artikel 14 des deutschen Grundgesetzes, der besagt, dass das Eigentum auch der Allgemeinheit dienen soll, bezeichnet er als „lapidar" und nicht geeignet, die „minoische Steuerwirklichkeit der Gegenwart"[185] zu rechtfertigen.

Ebenso wenig könne die Akzeptanz der Steuer als „Prämisse im Habitus einer [...] Population" vorausgesetzt werden, wie dies beispielsweise *Klein* versucht[186]. Denn diese Akzeptanz ist laut *Sloterdijk* keine Naturkonstante, sondern ergibt sich aus der

---

[179] Vgl. Rommerskirchen (2015), Das Gute und das Gerechte, S. 156.
[180] Vgl. Nozick (2011), Anarchie Staat Utopia, S. 10 f.
[181] Vgl. Rommerskirchen (2015), Das Gute und das Gerechte, S. 157.
[182] Vgl. Sloterdijk (2010), Die nehmende Hand und die gebende Seite, S. 11.
[183] Ebd., S. 15.
[184] Vgl. Ebd., S. 16.
[185] Ebd., S. 16.
[186] Vgl. Kein (1998), Akzeptanz als Element einer steuerlichen Rechtfertigungslehre, S. 187.

historischen Entwicklung von „Zwang, Gewohnheit, teilweiser Einsicht und Resignation“.[187]

Sloterdijk begründet die Steuern als Reste des Absolutismus durch den Modus der Aneignung. Er weist darauf hin, dass es abgesehen von Gebühren, Zöllen, Geldstrafen und Gewinnen aus der Bewirtschaftung staatseigenen Vermögens vier verschiedene Modi der Aneignung gibt. Als ersten nennt er die Plünderung, die nicht nur in archaischer Zeit als Form von Kriegsbeute prominent war, sondern auch die Enteignung von Juden in der NS-Zeit umfasst. Diese Form ist in einem Rechtstaat unmöglich und es müssen externe Plünderungen durch interne Einkünfte ersetzt werden. Als zweiten Modus gibt er die Auflagen (impôts) der autoritär-absolutistischen Tradition an. Diese Form der Geldbeschaffung ist theoretisch für einen demokratischen Staat unzulässig, bei Betrachtung des gegenwärtigen Steuersystems zeigt sich jedoch, dass dieses einseitig von oben gestaltet ist und daher einen absolutistischen Charakter hat. Als dritten Modus nennt *Sloterdijk* die „Gegenenteignung“ im marxistischen Sinne. Da nach *Proudhon* Eigentum Diebstahl ist, muss dieser durch dosierten Gegendiebstahl ausgeglichen werden. Die Rechtfertigung liegt dabei in der Idee der Umverteilung, die soziale Gerechtigkeit verwirklichen soll. Als letzten der vier Modi sieht *Sloterdijk* die Spenden, die aus der philanthropischen Natur des Menschen gegeben werden. Das moderne Steuersystem sieht er als ein Konglomerat aus dem zweiten und dritten Modus, denn zum einen ist das Steuerwesen autoritär und absolutistisch, zum anderen sieht es seine Legitimation in der „Gegenenteignungslogik des sozialistischen Umverteilungsdenkens“.[188]

Für *Sloterdijk* ist das Steuerwesen nur dann gerechtfertigt, wenn es auf dem letzten Modus, der Finanzierung durch Spenden, beruht. Daher postuliert er, dass das

---

[187] Sloterdijk (2010), Die nehmende Hand und die gebende Seite, S.17.
[188] Ebd., S. 18-23.

aktuelle System zu reformieren ist. Er sieht es als gerecht an, dass die Habenden kraft ihres Solidaritätsgefühls oder ihres schlechten Gewissens den Nicht-Habenden einen angemessenen, das heißt einen nicht unbedeutenden Teil ihres Eigentums, abtreten. Dies dient auch der Vermeidung von Ungleichheitskonflikten. Freiwillige Spenden können somit als Friedensprämie verstanden werden.[189] Auch im Sinne der Demokratie ist eine Mentalität des freiwilligen Spendens die einzige vertretbare Alternative zur Zwangserhebung von Steuern. Bezüglich der Verteilung sollen die Bürger, wenn das System etabliert ist, „progressiv in höheren Proportionen"[190] spenden. Die Gesellschaft sollte sich somit zu einer philantropen wandeln, die gekennzeichnet ist durch „Gemeinwesenbewußtsein"[191] und einer „Psychopolitik der Großzügigkeit"[192]. Die einzige Gefahr für die Gerechtigkeit sieht *Sloterdijk* in der Manipulation der Politiker durch allzu großzügige Spender.

4. Grenzen der Besteuerung

Die Erörterung der Rechtfertigungslehren hat gezeigt, dass das Recht zur Besteuerung durch verschiedene Faktoren begrenzt werden kann. Da die Besteuerung vor allem durch ihren Zweck gerechtfertigt wird, ergeben sich auch die Grenzen des Besteuerungsrechts aus den Zwecken der Besteuerung. Andererseits wird von vielen postuliert, dass das Besteuerungsrecht der Höhe und der Art nach begrenzt sein muss.

4.1.1. Begrenzung nach dem Verwendungszweck

Der primäre Zweck der Steuer liegt in der Finanzierungsfunktion des Staates. In diesem Ausmaß hält auch *Nozick* die Steuer für gerechtfertigt. Divergierende Ansichten bestehen über das Ausmaß und die Reichweite der staatlichen Aufgaben. So sieht *Nozick* Steuern nur in jenem Umfang als gerechtfertigt an, der der Erhaltung

[189] Vgl. Ebd., S. 22.
[190] Ebd., S. 10.
[191] Ebd., S. 10.
[192] Ebd., S. 11.

eines Nachtwächterstaats dient. *Rawls* hingegen betont die staatliche Aufgabe der Umverteilung von Vermögen und sieht die Verwendung von Steuergeldern zu diesem Zweck als legitim an. Je nach Konzeption des Staats divergieren somit die legitimen Zwecke, zu denen Steuern erhoben werden dürfen, und die Meinungen, zu welchen Zwecken die Besteuerung gerechtfertigt ist. Von der herrschenden Lehre in Österreich werden die Finanzierungsfunktion, die Umverteilungsfunktion und die Lenkungsfunktion der Steuer als gerechtfertigt anerkannt.[193]

4.1.2. Begrenzung nach dem Modus der Erhebung

Auch dem Modus und dem Verfahren der Steuererhebung werden vielfach Grenzen gesetzt. *Adam Smith* fordert beispielsweise, dass die Steuererhebung selbst möglichst geringe Kosten verursacht und dass sie zu einem Zeitpunkt erfolgt, der für die Steuerzahler günstig ist, das heißt zu einem Zeitpunkt, zu dem das Geld bei den Steuerzahlern mit hoher Wahrscheinlichkeit noch vorhanden ist.[194]

Verschiedene Auffassungen werden auch darüber vertreten, welche Vermögenswerte oder Prozesse besteuert werden dürfen. *Hobbes* beispielsweise sieht es als gerecht an, wenn ausschließlich die Konsumption besteuert wird.[195] *Lorenz von Stein* betont explizit, dass das Kapital von der Besteuerung ausgenommen werden muss.[196] Auch heute ist kontrovers, ob die Besteuerung von Vermögen oder von Erbschaften gerechtfertigt ist.

4.1.3. Begrenzung der Höhe

Auch der Höhe nach wird das Besteuerungsrecht vielfach begrenzt. *Lorenz von Stein* fordert beispielsweise, dass nicht mehr Steuern eingehoben werden dürfen, als der

[193] Vgl. Doralt (2016), Steuerrecht, S. 4.
[194] Vgl. Smith (1789), Der Wohlstand der Nationen, S. 703 f.
[195] Vgl. Hobbes, Leviathan, Part II, Ch. XXX.
[196] Vgl. Lorenz von Stein (1875), Lehrbuch der Finanzwissenschaft, S. 354 ff.

Staat bei sparsamer Verwendung seiner Mittel benötigt. *Vogel* hingegen geht auf Grund der Arbeitsteilung davon aus, dass dem Staat für die Überlassung der Produktion an die Wirtschaft maximal 50 Prozent der von der Wirtschaft produzierten Werte an Steuergeldern gebühren. Das deutsche Bundesverfassungsgericht wiederum versuchte die Höhe der Steuer des Einzelnen zu begrenzen, indem ein jeder circa 50 Prozent seines Einkommens an Steuern abgeben muss.[197] Zur selben Konklusion kommt *Felix*, der dieses ethisch gerechte Maß aus der Mesotes-Lehre des *Aristoteles* ableitet.[198] Die äußerste Grenze bildet das Konfiskationsverbot, welches besagt, dass ein Staat, der das Privateigentum garantiert, dieses nicht durch exzessive Steuererhebung abschaffen darf.[199]

4.1.4. Grundrechte als Grenzen

Aus rechtlicher Sicht bilden vor allem die Grundrechte bzw. die Grundrechtsvorbehalte die Grenzen der Besteuerung. Diese normieren naturrechtliche Grundauffassungen und sollen daher die Gerechtigkeit verwirklichen.[200] Ein für die Besteuerung relevantes Grundrecht ist insbesondere der Gleichheitssatz des Art. 7 B-VG, der statuiert, dass alle Staatsbürger vor dem Gesetz gleich sind. Darüber hinaus statuiert der Art. 5 des StGG, dass das Eigentum unverletzlich ist, Enteignungen dürfen nur in den gesetzlich vorgesehenen Fällen erfolgen. Auch der Art. 1 des 1. ZPEMRK, die in Österreich im Verfassungsrang steht, statuiert den Schutz des Eigentums. Eingriffe sind nach dem Vorbehalt der EMRK nur gerechtfertigt, wenn das öffentliche Interesse dies erfordert und entsprechende Gesetze angewendet werden. Die deutsche Literatur schließt aus der Garantie des Eigentums auf eine maximale Besteuerungshöhe. Ist die Besteuerung nämlich so umfänglich, dass sie de facto zur Konfiskation und in weiterer Folge zur Aushöhlung

---

[197] Vgl. Tipke (2000), Besteuerungsmoral und Steuermoral, S. 41 f; BVerfGE, BStBl. 1995 II, 654, 660, 661.
[198] Vgl. Tipke (2000), Besteuerungsmoral und Steuermoral, S. 40 f.
[199] Vgl. Ebd., S. 38 ff.
[200] Vgl. Tipke (1981), Steuergerechtigkeit, S. 22.

des Privateigentums führt, so ist sie mit dem Grundrecht auf Schutz des Eigentums nicht mehr vereinbar.[201] Die von der Besteuerung tangierten Grundrechte sind weitreichend, beispielsweise sei auf die Berufsfreiheit oder diverse Verfahrensgrundrechte hingewiesen. Sie alle anzuführen würde den Rahmen dieser Arbeit jedoch sprengen.

[201] Vgl. Tipke (2000), Besteuerungsmoral und Steuermoral, S. 38 f.

5. Synthese

Nach *Perelman* ist Gerechtigkeit ein Wertbegriff. Somit gibt es verschiedene Konzeptionen der Gerechtigkeit und sieht man nur eine einzige als richtig an, so wird eine andere Konzeption diese widerlegen. Aus den steuerlichen Rechtfertigungslehren lässt sich keine einheitliche Konzeption der Gerechtigkeit ableiten, gerade in dieser Konzeption der Gerechtigkeit unterscheiden sie sich. Die These dieser Arbeit ist jedoch, dass die Gerechtigkeit den steuerlichen Rechtfertigungslehren als gemeinsames, abstraktes Prinzip zu Grunde liegt. Daher wird im Folgenden erörtert, ob diese abstrakten Prinzipien der Gerechtigkeit in den Rechtfertigungslehren enthalten sind.

5.1. Gerechtigkeit in der Nutzentheorie

Das Charakteristikum der Nutzentheorie liegt darin, dass sie im Schutz der Menschen oder des Eigentums eine der Steuer gleichwertige Gegenleistung sieht. Gerecht ist für die Vertreter der Nutzentheorie, wenn für eine Leistung eine äquivalente Gegenleistung erbracht wird. Dieser Gedanke, dass jedem Einzelnen eine der Steuer gleichwertige Gegenleistung gebührt, ist Ausdruck der kommutativen Gerechtigkeit und daher auf das Verhältnis zwischen Staat und Bürger grundsätzlich nicht anwendbar. Die jüngeren Versionen der Nutzentheorie verlangen hingegen nicht, dass einem jeden eine bestimmte Gegenleistung für die Steuer gebührt, sondern sie plädieren für eine Äquivalenz zwischen der Gesamtheit an Steuerleistungen und der Gesamtheit an staatlichen Leistungen. Dieses Verhältnis zwischen der Gemeinschaft der Steuerzahler und dem Staat lässt sich durchaus unter die kommutative Gerechtigkeit subsumieren und als gerecht darstellen.

Die Vertreter der Nutzentheorie gehen zum Teil auch auf die Verteilung der Steuerlast ein. Als Parameter für die Verteilung werden anfangs die Grundstücksgrößen, später bei *Smith* die Leistungsfähigkeit, gemessen am Einkommen, herangezogen. Dabei steht der Suum-cuique-Grundsatz im Vordergrund, denn es soll jedem der seinige Teil der Gesamtsteuerlast zuteil werden. Auch im Sinne der horizontalen und vertikalen Gerechtigkeit zahlen nach dem Nutzenprinzip diejenigen, die gleich viel Schutz benötigen, gleich viel Eigentum haben oder gleich leistungsfähig sind, gleich viele Steuern. Diejenigen hingegen, die nicht gleich viel Schutz benötigen, nicht gleich viel Einkommen haben oder nicht gleich leistungsfähig sind, zahlen auch nicht gleich viele Steuern.

5.2. Gerechtigkeit in der Opfertheorie

Die Romantik konzipiert den Staat als vorteilhaft für den Einzelnen und sieht seine Gerechtigkeit darin, dass er die Entwicklung des Einzelnen fördert. Dass der Staat als höheres Ganzes mit unbeschränkter Macht existiert, wird von den Vertretern der Opfertheorie als gerecht anerkannt. Im heutigen Verständnis kann diese Staatskonzeption der Gerechtigkeit jedoch nicht genügen. Denn es ergeben sich aus der organischen Staatslehre, die der Opfertheorie zu Grunde liegt, keine Grenzen des Besteuerungsrechts. Am deutlichsten wird dies bei *Schmoller*, der dem Staat das Recht zuschreibt, sowohl das Blut als auch das Hab und Gut seiner Söhne zu verlangen. Der Staat kann somit auch das gesamte Eigentum der Bürger einfordern bzw. das Eigentum selbst abschaffen. Die staatliche Macht und das Besteuerungsrecht sind unbegrenzt. Dies entspricht nicht dem modernen Rechtstaatsprinzip und auch nicht der gegenwärtigen Auffassung der Gerechtigkeit, die Schutz gegen jeden Machtübergriff fordert.[202]

Als Maßstab für die Bemessung der Steuerhöhe kann die Opfertheorie der Gerechtigkeit durchaus genügen. Es sollte jedem das Seine, im Sinne von „jedem das

[202] Vgl. Tammelo (1977), Theorie der Gerechtigkeit, S. 12.

gleiche Opfer", zuteil werden. Dies manifestiert sich in einem progressiven Steuersatz entsprechend dem Leistungsfähigkeitsprinzip.

5.3. Gerechtigkeit in der utilitaristischen Rechtfertigungslehre

Die Utilitaristen legen ihrer steuerlichen Rechtfertigungslehre eine Staatstheorie zugrunde, die dem Staat selbst einen ethischen Zweck unterstellt.[203] Der Utilitarismus sieht jene Handlung als gerecht an, die zum größten Glück für die größte Anzahl führt. Eben dies ist auch die Aufgabe des utilitaristischen Staats, weshalb er als gerecht angesehen wird. Auch die Steuern dienen nach dieser Konzeption der Verwirklichung der Gerechtigkeit, indem sie diesen Staat, der die Gerechtigkeit verwirklichen soll, finanzieren.

5.4. Gerechtigkeit in der Reproduktivitätslehre

Lorenz von Stein sieht den Staat als Instrument, das die Entwicklung der Bürger bedingt. Folglich ist für ihn das Verhältnis zwischen Staat und Bürger eines der Gegenseitigkeit, wobei er das Verhältnis zwischen dem Staat und den Bürgern als kollektives Ganzes beurteilt. Daher ist es für ihn gerecht, wenn zwischen den Leistungen des Staats und jenen des Volks eine Äquivalenz gewahrt wird. *Vogels* Rechtfertigung der Steuer beruht hingegen auf dem Grundsatz der Arbeitsteilung. Diese Arbeitsteilung macht den Staat und die Wirtschaft leistungsfähig und fördert in gerechter Weise das kollektive Wohlergehen.

5.5. Gerechtigkeit in den solidarischen Rechtfertigungslehren

Die solidarischen Rechtfertigungslehren, die die Rechtfertigung der Steuer vor allem in ihrer Umverteilungsfunktion sehen, unterstreichen den Wert der Gleichheit und stellen diesen teils über die individuelle Freiheit, teils versuchen sie ein Gleichgewicht

[203] Vgl. Weston (1903), Principles of Justice in Taxation, S. 101.

zwischen Freiheit und Gleichheit herzustellen. Die Vertreter der solidarischen Rechtfertigungslehren erkennen an, dass niemand aufgrund zufälliger Gegebenheiten benachteiligt und die Kluft zwischen Armen und Reichen vermindert werden sollte. Die Gleichheit ist ein wesentlicher Aspekt der Gerechtigkeit und, indem diese honoriert wird, liegt auch den solidarischen Rechtfertigungslehren die Gerechtigkeit zu Grunde.

5.6. Gerechtigkeit in den rechtlichen Rechtfertigungslehren

Die juristischen Rechtfertigungslehren bezwecken nicht die Besteuerung per se als gerecht, sondern lediglich das geltende Steuersystem als verfassungskonform darzustellen. Da jedoch die Steuergesetze als einfache Gesetze den im Verfassungsrang stehenden Grundrechten entsprechen müssen, verwirklichen sie dennoch einen Aspekt der Gerechtigkeit. Denn die Grundrechte orientieren sich am Maßstab der Gerechtigkeit. Die Ethik und die Vorstellung vom Guten sind ein konstitutives Element für das Recht, das idealiter mit der Moral und den Vorstellungen der Gerechtigkeit kongruent ist.[204] Somit kann auch den juristischen Rechtfertigungslehren in einem weiten Sinne der Maßstab der Gerechtigkeit unterstellt werden.

5.7. Gerechtigkeit in den Theorien gegen die Besteuerung

Auch die Theorien, die eine Besteuerung ablehnen, beruhen auf einer Konzeption der Gerechtigkeit. Sie sehen die Freiheit des Einzelnen als höchstes Gut und lehnen hoheitliche Eingriffe in diese überwiegend ab. Eine Verpflichtung des Einzelnen gegenüber der Allgemeinheit wird von den Anarchisten und von *Nozick* nicht anerkannt. *Sloterdijk* hingegen spricht sich für progressive Spenden aus, er erkennt somit das Recht auf Ausgleich an, dennoch stellt auch er die Freiwilligkeit über den

[204] Vgl. Rommerskirchen (2015), Das Gute und das Gerechte, S. 31 ff.

Zwang und somit die Freiheit hierarchisch über die Gleichheit. Durch seine Theorie freiwilliger Spenden unterscheidet er sich von den übrigen steuerlichen Rechtfertigungslehren dadurch, dass er nicht nur auf den Telos der Steuern und der Umverteilung abzielt, der im Ausgleich der Vermögensverhältnisse der Bürger liegt. Vielmehr appelliert er durch die Freiwilligkeit an die intrinsische Motivation und die Pflicht der Habenden, durch Spenden den Nicht-Habenden zu helfen. Er verbindet somit Elemente der teleologischen und der deontologischen Ethik.

5.8. Gerechtigkeit in den Lenkungssteuern

Lenkungssteuern sind dann gerechtfertigt, wenn sie ein Verhalten sanktionieren, das in Allgemeinrechtsgüter eingreift oder diese sogar beschädigt. Da ein allgemeines Interesse daran besteht, derartige Verhaltensweisen, wie beispielsweise das Autofahren, auszuführen, bildet die Besteuerung dieses Verhaltens einen gerechten Kompromiss zwischen dem Verbot, sich derartig zu verhalten, und der Inanspruchnahme bzw. Schädigung eines Allgemeinrechtsguts, von der auch jene betroffen sind, die kein schädigendes Verhalten setzen. Es müssten jedoch die Steuergelder, die durch Lenkungssteuern erhoben werden, zur Wiederherstellung bzw. Erhaltung des Allgemeinrechtsguts dienen, das sie zu schützen trachten, um die Gerechtigkeit zu verwirklichen. Nach dieser Konzeption würden sie jedoch nicht mehr der Definition der Steuer, für die keine Gegenleistung gebührt, entsprechen.

Anders verhält es sich, wenn durch die Besteuerung ein Verhalten sanktioniert wird, das in eigene Individualrechtsgüter eingreift. Eine Besteuerung dieses Verhaltens greift unzulässigerweise in die Freiheit des Einzelnen ein und lässt sich nicht als gerecht darstellen.

5.9. Gerechtigkeit als gemeinsames Prinzip

Die Synthese zeigt, dass in allen Rechtfertigungstheorien Aspekte der Gerechtigkeit enthalten sind. Jede Rechtfertigungslehre stellt somit die Steuern entsprechend ihrer Konzeption der Gerechtigkeit als gerecht dar. Dies, wie auch der Begriff der Rechtfertigung selbst, indiziert, dass Steuern gerechtfertigt sind, weil sie gerecht sind.

6. Fazit

Nach Gegenüberstellung der steuerlichen Rechtfertigungslehren, wird die Meinung vertreten, dass Steuern grundsätzlich gerechtfertigt sind, weil einerseits eine Notwendigkeit staatlicher Ordnung gegeben ist und andererseits auch die Konzeption des Steuerstaats zu überzeugen vermag. *Vogel* zeigt deutlich, dass eine Arbeitsteilung zwischen Staat und Wirtschaft, die einen Steuerstaat bedingt, effizient und vorteilhaft ist. Auch die Entwicklung der kommunistischen Staaten hat gezeigt, dass ein System, in dem der Staat und die Wirtschaft nicht getrennt sind, keine allzu positiven Auswirkung hat. Folglich sehe ich die Finanzierungsfunktion der Steuer als legitim an. Auch eine Umverteilungsfunktion der Steuer sollte meiner Meinung nach anerkannt werden. Der Theorie von *Rawls* folgend, sehe ich es als ungerecht an, dass nicht ein jeder die gleichen Chancen zum wirtschaftlichen Erfolg hat. Diese Chancenungleichheit sollte durch die Umverteilungsfunktion der Steuer ausgeglichen werden. Die Umverteilung sollte einerseits nach dem Prinzip „jedem gemäß seinen Chancen“ erfolgen, das heißt, dass diejenigen, die schlechtere Chancen haben, mehr aus dem Fond zur Umverteilung erhalten, als diejenigen, die bessere Chancen haben. Andererseits sollte sich die Umverteilung am Prinzip „jedem nach seinen Fähigkeiten“ orientieren.

Die Grenze der Rechtfertigung der Besteuerung liegt meines Erachtens in der Höhe der Steuer. So vermag sowohl die Idee des Halbteilungsgrundsatzes, dass die Steuerhöhe des Einzelnen begrenzt sein soll, als auch die Idee von *Vogel*, dass die gesamt Steuerhöhe, gemessen an den von der Wirtschaft produzierten Werten, einer Grenze unterliegen soll, zu überzeugen. Lediglich die Grenze von 50 Prozent erscheint unangemessen hoch und lässt sich meines Erachtens nicht als „goldene Mitte" bezeichnen. Für den Einzelnen würde dies nämlich bedeuten, dass er 50 Prozent seiner Arbeitszeit für fremde Zwecke aufwendet. *Nozick* sieht darin Zwangsarbeit und einen Eingriff in die Freiheit. Darüber hinaus ergeben sich durch diese Instrumentalisierung des Steuerzahlers auch Probleme für seine Würde. Andererseits erkenne ich, wie oben zur Umverteilung ausgeführt, an, dass die Gleichheit der Menschen in gewissen Maßen berücksichtigt werden muss und, dass diese durch die Redistribution der Steuergelder erreicht wird. Daraus folgt, dass sowohl die Freiheit als auch die Gleichheit, das heißt sowohl die Besteuerung als auch die Umverteilung, berücksichtigt werden müssen. Es dürfen somit Steuern erhoben werden, aber nicht exzessiv. Andererseits soll die Chancenungleichheit abgegolten werden, aber keine Umverteilung im Sinne des Egalitarismus erfolgen. Die Freiheit sollte soweit beschnitten werden dürfen, als die Würde des Steuerzahlers gewahrt bleibt, das heißt, dass dieser durch den Staat nicht als Mittel zum Zweck verwendet werden darf. Die Steuermittel, die durch den Einschnitt in die Freiheit des Einzelnen erwirtschaftet wurden sollten durch Redistribution die Gleichheit verwirklichen. In Summa sind Steuern daher gerechtfertigt, wenn sie durch ihre Höhe jenes Mittelmaß zwischen dem Eingriff in die Freiheit und der Gleichheit erzielen, das, ohne den Steuerzahler zu instrumentalisieren, seine Würde wahrt. Ein Spitzensteuersatz von 25 Prozent, wie dies *Paul Kirchhof* vorschlägt, scheint daher ein angemessener Mittelweg zwischen Gleichheit und Freiheit zu sein, indem auch die Würde des Steuerzahlers noch gewahrt wird.

Die Rechtfertigung des Besteuerungsrechts per se führt zu der Frage, ob das geltende Steuersystem und die einzelnen Arten der Steuer, wie die Einkommensteuer, Umsatzsteuer oder Erbschaftsteuer, gerechtfertigt sind, inwieweit darin Prinzipien der Gerechtigkeit enthalten sind und welche Struktur der Steuersätze, sei sie degressiv, proportional oder progressiv, der Gerechtigkeit entspricht. Dies zu erörtern gestaltet sich durchaus komplex, da, wenn die Konsequenzen einer Handlung bewertet werden, zuerst die ökonomischen Auswirkungen der unterschiedlichen Steuerlastverteilung festgestellt werden müssen, um deren ethische Beurteilung vornehmen zu können. Darüber hinaus stellt sich die Frage, ob sich aus dieser Verteilung der Steuerlast in den einzelnen Ländern auch ihre jeweilige Konzeption der Gerechtigkeit ableiten lässt. Ob beispielsweise im anglo-amerikanischen Raum, in dem die Progression im Vergleich zum zentraleuropäischen Raum abgeschwächt ist, die Freiheit schwerer wiegt als die Gleichheit, wohingegen in Ländern mit stärkerer Progression die Gleichheit höherrangig ist als die Freiheit. Ein weiterer Aspekt in diesem Zusammenhang ist die Gerechtigkeit oder Ungerechtigkeit des internationalen Steuerwettbewerbs, durch den vor allem Steueroasen häufig denunziert werden.

7. Literaturverzeichnis

Aristoteles: Nikomachische Ethik, übersetzt u. hrsg. v. Rolfes, Eugen, 2009, Köln.

Bastiat, Frédéric (1850): Ce qu´on voit et ce qu´on ne voit pas ou l´économie politique en une leçon, Paris.

Birk, Dieter (1983): Das Leistungsfähigkeitsprinzip als Maßstab der Steuernormen. Ein Beitrag zu den Grundfragen des Verhältnisses Steuerrecht und Verfassungsrecht, Köln.

Bodin, Jean (1577): Les six livres de la Rèpublique, Paris.

Buchnan, James M. (1960): Fiscal Theory and Political Economy. Selected Essays, Durham.

Doralt, Werner (2016): Steuerrecht. Ein systematischer Überblick, 18. Aufl., Wien.

Epstein, Richard A. (1985): Takings: Private property and the Power of Eminent Domain, Cambridge, MA.

Groves, Harald (1974): Tax Philosophers. Two Hundred Years of Thought in Great Britain and the United States, hrsg. von Curran, Donald, Madison, Wisconsin.

Grunow, Stefan (2018): Die verfassungsrechtliche Rechtfertigung der Steuerlast und Steuererhebung, Diss., Univ. Augsburg, Baden-Baden.

Habermas, Jürgen (1998): Faktizität und Geltung. Beitrage zur Diskurstheorie des Rechts und des demokratischen Rechtsstaats, 5. Aufl., Berlin.

Henkel, Heinrich (1977): Einführung in die Rechtsphilosophie. Grundlagen des Rechts, München.

Hobbes, Thomas (elementa philosophica de cive): Vom Bürger, übersetzt u. hrsg. v. Frischeisen-Köhler, Max, Leipzig, 1918.

Hobbes, Thomas (Leviathan): Leviathan or the Matter, Forme, and Power of a Common-Wealth Ecclesiastical and Civill, hrsg. v. White, Edward/ Widger David, http://www.gutenberg.org/files/3207/3207-h/3207-h.htm#link2H_4_0116, [Stand: 19.4.2019].

Kant, Immanuel (MS): Die Metaphysik der Sitten, eingeleitet und hrsg. v. Ebeling, Hans, 1990, Ditztingen.

Kirchhof, Paul (1973): Besteuerungsgewalt und Grundgesetz, Frankfurt/Main.

Kirchhof, Paul (2019): Reform des Einkommensteuerrechts. In: http://www.paul-kirchhof.de/images/PDF/3_2_Einfuehrung_Einkommensteuerrecht.pdf [Stand: 12.5.2019]

Kirchhof, Paul (2019): Reformentwurf zur Erneuerung des Steuerrechts. In: http://www.paul-kirchhof.de/images/PDF/Reforment__Steuer__2_S.pdf [Stand: 12.5.2019]

Kirste, Stephan (2010): Einführung in die Rechtsphilosophie, Darmstadt.

Klein, Alexander (1998): Akzeptanz als Element einer steuerlichen Rechtfertigungslehre. In: Pichler, Johannes (Hrsg), Rechtsakzeptanz und Handlungsorientierung, Schriften zur Rechtspolitik, Band 10, S. 177-189.

Leroy-Beaulieu, Paul (1967): On Taxation in General, in: Musgrave, Richard/ Peacock, Allan (Hrsg.): Classics in the Theory of Public Finance, 4. Aufl., New York.

Locke, John (1690): Second Treatise of Government, hrsg. v. McPherson, Crawford Brough, digit.: http://www.gutenberg.org/files/7370/7370-h/7370-h.htm#CHAPTER_V, [Stand: 16.4.2019].

Lorenz von Stein (1875): Lehrbuch der Finanzwissenschaft als Grundlage für Vorlesungen und Selbststudium, 3. Aufl., Leipzig.

Mankiw, Gregory/ Weinzierl, Matthew/ Yagan, Danny (2009): Optimal Taxation in Theory and Practice, in: Journal of Economic Perspectives, Vol. 23, No. 4, S. 147-174.

Martin, Isaac/ Mehrotra, Ajay/ Prasad, Monica (2009): The Thunder of History: The Origins and Development of the New Fiscal Sociology. In: Martin, Isaac/ Mehrotra, Ajay/ Prasad, Monica (Hrsg.), The New Fiscal Sociology. Taxation in Comparative and Historical Perspective, New York.

Meredith, Christophher Todd (2008): The Ethical Basis for Taxation in the Thought of Thomas Aquinas. In: Journal of Markets and Morality, Vol. 11, No. 1, S. 41-57.

Mill, John Stuart: On Liberty, eingeleitet v. Courtney, William, London, digit.: http://www.gutenberg.org/files/34901/34901-h/34901-h.htm#Page_103, [Stand: 16.4.2019].

Mill, John Stuart (Principles of Political Economy): Principles of Political Economy with Some of Their Applications to Social Philosophy, hrsg. u. eingeleitet v. Ashley, W. J., London 1921.

Miller, David (2017): Justice. In: The Stanford Encyclopedia of Philosophy, hrsg.v. Zalta, Edward, URL: https://plato.stanford.edu/entries/justice/, [Stand: 10.4.2019].

Montesquieu, Charles Louis de Secondat de (1750): De l´esprit des lois, Genf, digit.: https://reader.digitale-sammlungen.de/de/fs1/object/display/bsb10771613_00453.html, [Stand: 16.4. 2019].

Neumann, Friedrich Julius (1887): Die Steuer und das öffentliche Interesse. Eine Untersuchung über das Wesen der Steuer und die Gliederung der Staats- und Gemeinde-Einnahme, Leipzig.

Nozick, Robert (2011): Anarchie Staat Utopia, übersetzt von Vetter, Hermann, München.

OECD, Eurostat: Wie sich die Einkommensverteilung in Industrieländern entwickelt. In: Der Standard, 15. Feb. 2018.

Peffekoven, Rolf (2008): Steuerehrlichkeit und Steuergerechtigkeit. In: Wirtschaftsdienst 2008, No. 4, S. 223-227.

Perelman, Chaim (1945): Über die Gerechtigkeit. In: Beck`sche schwarze Reihe, Band 45, München.

Perry, Athur Latham (1891), Political Economy, New York, digit.: http://www.gutenberg.org/files/41936/41936-h/41936-h.htm#CHAPTER_VII, [Stand: 16.4.2019].

Platon (Politeia): Der Staat, übersetzt von Apelt, Otto, 5. Aufl., Leipzig.

Pufendorf, Samuel von (1684): De jure naturae et gentium, Frankfurt/Main.

Rau, Karl Heinrich (1855): Lehrbuch der politischen Ökonomie, 3. Aufl., Leipzig.

Rawls, John (1971): Eine Theorie der Gerechtigkeit, übersetzt von Vetter, Hermann, 9. Aufl., Frankfurt/Main.

Rommerskirchen, Jan (2015): Das Gute und das Gerechte. Einführung in die praktische Philosophie, Köln.

Schäffle, Albert (1873): Das gesellschaftliche System der menschlichen Wirthschaft. Ein Lehr- und Handbuch der ganzen politischen Ökonomie einschließlich der Volkswirtschaftspolitik und Staatswirtschaft, 3. Aufl., Thübingen.

Schmoller, Gustav von (1863): Die Lehre vom Einkommen in ihrem Zusammenhang mit den Grundprinzipien der Steuerlehre, in: Zeitschrift für die gesamte Staatswissenschaft, Bd. 19, H. 1./2., S. 1-86.

Seidl, Erwin (1957): Einführung in die ägyptische Rechtsgeschichte bis zum Ende des Neuen Reiches. In: Ägyptologische Forschungen, Heft 10, 3. Aufl.

Sloterdijk, Peter (2010): Die nehmende Hand und die gebende Seite: Beiträge zu einer Debatte über die demokratische Neubegründung von Steuern, 2. Aufl., Berlin.

Smith, Adam (1789): Der Wohlstand der Nationen. Eine Untersuchung seiner Natur und seiner Ursachen, übersetzt und hrsg. von Recktenwald, Horst Claus, 8. Aufl., München.

Spencer, Herbert (1851): Social Statistics or the Conditions Essential to Human Happiness, London.

Tammelo, Ilmar (1977): Theorie der Gerechtigkeit. In: Broekman, Jan (Hrsg.): Kolleg Rechtstheorie, Band I, 1, München.

Thomas von Aquin (Summa Theologica II-II): Recht und Gerechtigkeit. Theologische Summe 2-2, Fragen 57-79, Bonn (Die deutsche Thomas-Ausgabe, Bd. 18, Utz, Arthur F.).

Tipke, Klaus (1981): Steuergerechtigkeit in Theorie und Praxis: Vom politischen Schlagwort zum Rechtsbegriff und zur praktischen Anwendung, Köln.

Tipke, Klaus (2000): Vorträge G 3666 an der Nordrhein-Westfälischen Akademie der Wissenschaften. Besteuerungsmoral und Steuermoral, Wiesbaden.

Tschentscher, Axel (2000): Prozedurale Theorien der Gerechtigkeit. Rationales Entscheiden, Diskursethik und prozedurales Recht, Diss., Univ. Kiel, in: Studien zur Rechtsphilosophie und Rechtstheorie, Heft 24, Baden-Baden.

Vocke, Wilhelm (1887) Die Abgaben, Auflagen und die Steuer vom Standpunkte der Geschichte und der Sittlichkeit, Stuttgart.

Vogel, Klaus (1986): Rechtfertigung der Steuern: eine vergessene Vorfrage: Zugleich zur "heimlichen Steuerrevolte" und zum Dreieck Staat/Wirtschaft/Gesellschaft, in: Der Staat, Vol. 25, No. 4, S. 481-519.

Von Hock, Carl (1863), Die öffentlichen Abgaben und Schulden, Stuttgart.

Wagner, Adolph (1890): Finanzwissenschaft, 2. Teil: Theorie der Besteuerung, Gebührenlehre und allgemeine Steuerlehre, 2. Aufl., Leipzig.

Waldstein, Wolfgang (1978) Zu Ulpians Definiton der Gerechtigkeit (D 1, 1, 10 pr.), in: Jakobs, Horst Heinrich et al. (Hrsg.): FS für Werner Flume zum 70. Geburtstag, 1978 Köln, Band I, S. 213-232.

Warren, Alvin (1979): Would a Consumption Tax be Fairer than an Income Tax? in: Yale Law Review Vol. 89, No. 6, S. 1081-1124.

Weston, Stephen (1903): Principles of Justice in Taxation, Diss., Columbia University, New York.

8. Judikaturverzeichnis

BVerfGE, BStBl 1999 II 152, 155f.

BVerfGE, BStBl 1999 II 509, 511 ff.

BVerfGE, BStBl. 1995 II, 654, 660, 661.

FSC
www.fsc.org
MIX
Papier | Fördert gute Waldnutzung
FSC® C083411

Kolibri 360 GmbH
Ferdinand-Jühlke-Straße 7
99095 Erfurt, Deutschland
produktsicherheit@kolibri360.de

Druck:
CPI Druckdienstleistungen GmbH
im Auftrag der
Kolibri 360 GmbH
Ferdinand-Jühlke-Str. 7
99095 Erfurt